中国式社群

七步打造百万级
超级社群

刘小华◎著

中华工商联合出版社

图书在版编目(CIP)数据

中国式社群：七步打造百万级超级社群 / 刘小华著
. —— 北京：中华工商联合出版社，2022.4
ISBN 978-7-5158-3371-2

Ⅰ.①中… Ⅱ.①刘… Ⅲ.①网络营销 Ⅳ.
①F713.365.2

中国版本图书馆CIP数据核字（2022）第 049435 号

中国式社群：七步打造百万级超级社群

作　　者：刘小华
出 品 人：李　梁
责任编辑：胡小英
装帧设计：国风设计
排版设计：水日方设计
责任审读：李　征
责任印制：迈致红
出版发行：中华工商联合出版社有限责任公司
印　　刷：北京毅峰迅捷印刷有限公司
版　　次：2022 年 4 月第 1 版
印　　次：2022 年 4 月第 1 次印刷
开　　本：710mm×1020mm　1/16
字　　数：175 千字
印　　张：13
书　　号：ISBN 978-7-5158-3371-2
定　　价：59.00 元

服务热线：010－58301130－0（前台）
销售热线：010－58302977（网店部）
　　　　　010－58302166（门店部）
　　　　　010－58302837（馆配部、新媒体部）
　　　　　010－58302813（团购部）
地址邮编：北京市西城区西环广场 A 座
　　　　　19－20 层，100044
http://www.chgslcbs.cn
投稿热线：010－58302907（总编室）
投稿邮箱：1621239583@qq.com

前　言

移动互联网技术飞速发展，各种移动设备和移动应用打破了时间与空间的隔阂，让相隔千里的人们也体会到了"天涯若比邻"的意境。人与人之间的沟通成本大大降低，新的需求也随之诞生了。人们渴望在互联网的世界里找到志趣相投、三观相符的人，于是，社群便应运而生。

不过，这本书要讨论的并不是社群的前世今生，而是社群的商业化，也就是怎样利用社群赋能实体经济。是的，今天的社群已经不再是单纯的同好会、同乡会了，它被赋予了更多的意义和外延，它对企业来说，是非常重要的营销工具。

著名财经作家吴晓波提出过一个观点，他认为，对于企业和商家来说，建立一个有正面价值观的社群，比找到商业模式更为重要，因为社群形成以后，商业模式就会自然而然地形成。

为什么吴晓波会这么认为呢？因为社群是客户和品牌之间路径最短、效率最高、成本最低的沟通方式，企业可以从中获得无限的商机。而且，社群可以聚集无数高质量客户，而客户就是形成商业模式的基础，没有高质量客户作为基础，任何商业模式都只是一座华丽的空中楼阁。

可是，即便是在"社群经济"一词已经充斥我们眼球的今天，仍然有很多企业没有真正意识到社群的价值和可能性，在他们眼中，社群只是一个朋友圈卖货的渠道。在我看来，社群就是基础设施，我们可以在上面嫁接各种各样的商业模式。

社群可以和电商结合，形成社群电商，也可以和 IP 结合、和场景结合，变幻出无数种新玩法。社群之所以有这么强的适配性，是因为它始终都是连接人、聚集人的工具，而无论未来的商业会发生什么变化，无论我们面对的是 AI 经济，还是区块链经济，人始终都是商业交易的切入点。所以，社群的价值只会变得越来越高。

我写作本书的目的也是希望大家能够认识到社群的价值，并且积极拥抱社群，学会运用社群。我们必须认清现状，那个以产品为王，"酒香不怕巷子深"的时代已经一去不复返了，"跑马圈地"式的粗放营销也随着人口红利的消失而逐渐行不通了。我们需要更低成本、更高效、更精准的营销方式，所以，我们要用 1 个社群撬动 10 万个客户！

这真的可能吗？答案当然是肯定的，因为社群的潜力是无限的，当它与 IP、场景、电商结合，形成"IP+ 社群 + 场景 + 电商"模式的时候，"1 个社群撬动 10 万个客户"就会成为可能！因为 IP 可以扩大认知，吸引流量；场景可以深度挖掘用户需求，强化产品体验；社群来构建强关系，加强客户的信任度；而电商则可以实现变现，形成一个完整的商业闭环。

在这本书中我将为大家详细地剖析"IP+ 社群 + 场景 + 电商"商业模式，并为大家解答以下问题：

如何解决邀约难、成交难的问题？

如何养成社群思维，领先于竞争对手？

如何精准定位社群，聚焦垂直细分领域？

如何利用场景引爆社群？

如何打造社群 IP，占领认知高地？

如何从 0 到 1 地构建自己的社群？

如何实现社群的裂变，打造自己的 IP？

如何找到社群变现的途径？

如何构建社群生态体系？

如果读者朋友们也有相似的疑问，那么不妨翻开这本书，相信你一定能从中找到答案。本书共分为 9 章，每章分别解答以上的一个问题，让读者全面地了解社群的概念，掌握社群的运营方法。本书中没有高深的理论，只有生动的案例和详细、实用的实操方法，即使你从来没有接触过社群，也能完全无障碍地阅读本书。

这本书适合所有对社群感兴趣的读者，如果你是一名中小型企业的老板，你可以从本书中找到企业营销突围的方向；如果你是一名个人创业者，你可以从本书中找到成本最低、效率最高的营销方法；如果你是一名拥有实体店铺的商家，你可以从本书中找到获客的新渠道；如果你是一名电商商家，你可以从本书中找到新的卖货方法和盈利模式。

虽然，社群经济已经被我们谈论了无数次，但是社群的边际和社群的价值仍然在无限延伸，未来我们还会在社群的基础上变幻出更多的商业模式。我希望阅读此书的读者能够掌握社群的底层逻辑，把社群作为有利的营销工具，并挖掘出更多的"社群 +"模式。我希望，在我们的共同努力下，社群经济能迸发出更加蓬勃的生命力。

Part 1

IP+ 社群 + 场景 + 电商，赋能实体经济

Part 2
从 0 到 1，七步打造你的百万级社群

Part 1

IP+社群+场景+电商，赋能实体经济

第1章 邀约难、成交难、拓客难，如何突围

目前，很多企业都面临着获客难、成交难、拓客难的局面，人口红利的消退和产品日益同质化是造成这种现象的根本原因。要在这种现状下寻求突破，我们需要借助社群的力量，因为在营销 4.0 时代，经营客户才是王道，而社群恰好是吸引客户、维护客户、产生客户的一大利器。

1.1 营销 4.0 时代，社群是企业破局之道

经济学家黄卫伟曾说过"当产业出现颠覆性创新的时候，真正构成威胁的还不是技术，而是你在新的客户群里没有基础，难以维护普遍客户关系。"这句话的意思是，当产业出现重大变革时，客户关系是决定企业生死存亡的关键。

事实上，当市场环境发生变化时，客户关系也会成为企业的重大隐患。对于客户关系的重要性，现代企业管理者们已经达成了共识："与客户之间的关系，是企业生存和发展的重要基石。"从过去到现在，客户都是企业营销的核心重点。

随着时代的发展和市场环境的变化，客户的需求也发生了翻天覆地的变化，

相应地，企业营销也从 1.0 时代走到了 4.0 时代。可是，在营销 4.0 时代，很多企业都面临着获客难、成交难、拓客难的局面，造成这种局面的原因有两点，第一点是人口红利和流量红利都在逐渐消退，第二点是产品同质化、营销手段同质化的现象越来越严重。面对这样的局面，企业究竟要如何突围呢？

在寻找这个问题的答案之前，我们要先来探究一下营销 4.0 的真正内涵，因为只有弄清了营销 4.0 的内涵，我们才能弄清楚当今时代的客户需求发生了怎样的变化，企业怎样才能找到真正的破局之道！

◇ **营销 1.0 到营销 4.0**

营销学大师菲利普·科特勒把现代营销的发展划分成了四个阶段，分别是：营销 1.0、营销 2.0、营销 3.0 和营销 4.0，这四个阶段的核心驱动力各不相同，对客户需求的关注程度也是逐步加深的（见图 1-1）。

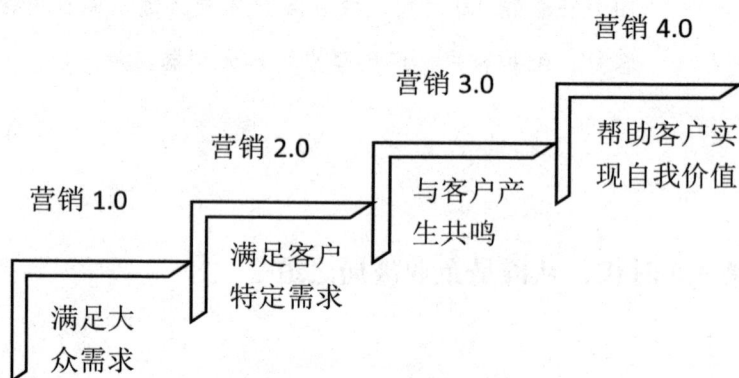

图 1-1　从营销 1.0 到营销 4.0

1. 一起学堂营销 1.0——以产品为驱动

营销 1.0 就是以产品为核心驱动力的营销，它始于工业化时代的技术爆发和技术革新。当时的企业生产出什么产品，就卖给消费者什么产品，当时的营销就是把产品卖给有购买能力的人。营销 1.0 时代的产品大部分都属于初级产品，生产它们的主要目的是满足大众的基本生活需求。

因此，当时的企业生产模式就是大规模和标准化，营销手段是通过不断降低成本、降低价格来吸引客户。比如，当时福特 T 型车只生产黑色，以至于人们纷纷抱怨："不管你想要什么颜色的车，福特只卖黑色的。"

2. 营销 2.0——以消费者为驱动

营销 2.0 的核心驱动力是消费者，企业开始满足客户的特定需求，与此同时，企业自身也有了品牌形象意识，以及与客户建立感情的诉求。营销 2.0 始于信息技术逐步发展和普及的 20 世纪 70 年代，信息技术和互联网的发展，使客户更容易获得产品信息和服务信息，也可以更方便地将同类产品和服务进行对比。

所以，在营销 2.0 时代，企业的目标是满足客户、维护客户关系，"顾客就是上帝"这句经典口号也是在这个时期诞生的。在这个时期，有思想、有眼光、有选择能力的客户成为企业眼中的目标客户，企业也开发出不同的产品和服务来满足他们的特定需求。比如，联合利华和宝洁等快消品公司都开发出上千种不同档次的产品来满足不同客户的需求。

3. 营销 3.0——以价值观为驱动

营销 3.0 是以价值观为驱动的营销，它注重文化性和精神性。营销 3.0 时代依然是以客户为中心的，企业致力于满足客户的各种需求，同时也具备了更远大的使命感和价值观，它们开始关注消费者心理和一系列社会问题。

营销 3.0 时代恰逢全球化的经济震荡，社会、经济和环境的剧烈变化深刻地影响着人们的心理，在这种背景下，企业努力为困惑的客户解决问题、寻找答案，并与他们建立了紧密的联系、产生了深深的共鸣。在当时动荡的经济形势下，企业所主张和宣扬的价值观，成为吸引不同客户群体的"利器"，因此营销 3.0 也被称为"价值观驱动的营销"。

4. 营销 4.0——以自我实现为驱动

社会发展至今，物质环境日益丰饶，马斯洛需求层次理论中，人们的生理、安全、归属、尊重需求已经比较容易被满足，于是自我实现成为当今时代最大的客户需求，营销 4.0 要解决的正是这个问题。

营销 4.0 是帮助客户实现自我价值的营销，企业应该把营销的重心放到与客户的互动上，把客户作为营销活动的主题，充分尊重他们的价值观，不应再单纯地对客户进行价值灌输，而是要更关注客户的内心世界。

在营销 4.0 时代，企业希望通过内容和传播方式的创新，与客户加强沟通，形成更牢固的感情连接，让品牌成为客户表达自我的媒介，同时，企业也希望通过客户的自发传播，形成强大的口碑。

那么，问题来了！企业要怎样让客户自发传播？怎样形成强大的口碑？很多企业面临着获客难、拓客难的问题，连自己的目标客户在哪里都不知道，又谈什么做口碑呢？即使找到了目标客户，又怎么才能实现高效传播呢？

我给出的答案是：社群营销！

所谓社群，就是人与人之间的一种连接方式，而最初的客户社群是自发产生的。移动互联网技术让社交媒体变得越来越发达，而随着生活方式和价值观的升级，客户也急于寻找归属感，于是很多线上社群就这样诞生了。线下社群则在更早之前就有了雏形，比如同好会、俱乐部、读书会以及各类自发组织的群体。社群可以把具有相同需求的客户聚集在一起，还可以继续吸引新成员，社群成员之间也有较强的信任关系。

很多企业也看到了社群的巨大潜力，纷纷开始构建社群，试图利用社群维护客户关系，吸引新客户。因为，他们深刻地意识到，社群是持续交易的基础，也是深化企业和客户关系的重要途径。总之，社群可以让用户带来用户，让口碑赢得口碑，是一种有效的、可持续的营销方式。

所以，在营销 4.0 时代，社群才是企业的破局之道！

◇**营销 4.0 时代的破局之道：社群营销**

我家小区有一家菜市场，菜市场里面有很多的商家吆喝卖菜，尽管卖力吆喝，但大部分商家的生意并不太好，只有一家例外。生意好的这家菜店是一家常见的夫妻店，老板负责外出进货，老板娘负责日常事务打理，看起来平淡无奇，但他们家的生意却十分火爆。究其原因，原来是只要有顾客进店，老板娘都会积极加上顾客的微信，随后将用户拉到微信群或者 QQ 群。

每天下班前十分钟，老板娘都会向用户分享"今日必买好菜"，为用户推荐美味实惠的应季蔬菜；每周四会发出"朋友圈集赞送好礼"的活动，并标注星期五到实体门店兑换新鲜蔬菜，同时抓住周五人流量较大的机会，积极推出新品。这样一来，用户既得到了实惠，又能买到每周新鲜蔬菜，用户人流量自然源源不断了。

可能老板娘也不知道"社群运营""社交裂变""新零售"等概念，但无形之中，老板娘借助社群完成了很多企业都想做的事：获客和盈利。对于那些已经陷入瓶颈和困境的企业来说，社群就是一剂良药。那么，社群究竟有哪些神奇之处呢？社群在营销方面的优势主要有以下四点：

1. 低投入、高回报

相比动辄要投入上千万的传统营销方式，社群营销的投入成本较低。对传统营销来说，如何让更多人了解产品，并购买产品才是营销工作的重点。但是，对社群营销来说，维护与客户的关系才是最重要的。

因为，社群中的每一个人既是购买者又是传播者，而且还能产生大量的重复购买。无论是购买行为、传播行为还是复购行为，都能给企业带来巨大的利益。所以，社群具有低投入、高回报的优势。

2. 可以精准触达客户的心灵

传统营销的模式是"广撒网，多敛鱼，择优而从"，但"广撒网"的成本却是微小企业和个人创业者无法承受的，因此，他们必须寻找其他的突破口。"社群 + 内容"就是这个新的突破口，内容把硬广变为软广，以打动客户的心灵，社群把目标客户聚集起来，并进行精准打击。

社群让很多微小企业和个人创业者也能实施精准营销，让企业的差异性服务精准地触达客户，打动客户的心灵。

3. 高效率的圈子传播

大家一定都听说过著名的六度空间理论，这个理论认为，我们和任何一个陌生人之间的间隔人数不会超过六个。也就是说，最多通过五个人，我们就能认识任何一个陌生人。

社群则最大限度地发挥了六度空间理论，它利用小圈子的营销力不断链接新的成员，不断向外扩张，当小圈子的人数越来越多，影响力越来越大时，就会形成一个圈层。当企业的目标客户形成一个圈层的时候，它的产品和品牌还担心会传播不出去吗？

而且，相同圈层的客户往往具有相似的需求和价值观，只要企业能抓住社群中客户的诉求点，并在此基础上包装好自己的内容和产品，那么客户自然会愿意主动传播，因为产品和品牌想表达的，就是客户想表达的。

4. 实现病毒式的口碑传播

口碑对于任何企业来说都至关重要，它不仅能帮助企业在短时间内提升销量，还可以树立品牌形象，助力企业的长期发展。而社群可以为企业带来高效的口碑传播，因为人们对熟人有一种天然的信任感，也更容易接受他们传播的信息。社群中的信任关系，是口碑传播最大的优势。

移动互联网的发展，让"天涯若比邻"成为现实，在此基础上，人们更加渴望"海内存知己"的共鸣，社群恰恰为人们提供了这样的便捷条件，让他们得以找到更多同类。虽然，技术的发展极大地降低了人与人之间的沟通成本，但是信任成本却在不断升高，而社群能够以相同的爱好、相同的价值观等因素为基础建立信任关系，这种信任关系正是商业活动的前提。

因此，社群营销是企业和品牌与客户沟通的最短路径，是建立和维护客户关系的最好方式，它的低成本和高效率能为企业赢得无数商机！面对邀约难、成交难、拓客难的困局，企业必须拥抱社群。

1.2　社群营销商业逻辑：从经营产品到经营用户

你观察过自家小区附近的人群吗？小区门前的广场上总有大妈在跳广场舞；小区的凉亭是大爷们的聚集地，他们常年在那里下棋；小区里的林荫道是养狗一族遛狗的地方，他们经常在这里和爱宠嬉戏……

如果，我们把整个小区看成是微信平台，那些自发聚集在不同区域活动的人群就像一个个微信群。而我们所说的社群，就是把现实中人群的聚集搬到了线上，无论是线下的聚集，还是线上的社群，都是人与人的连接方式。

再深入联想一下，为什么有的社群始终很有活力，而有的社群却很快就散了呢？比如，小区里张大妈建立的"彩虹广场舞社团"持续运营 5 年，人数始终维持在 100 人上下，每天晚上 8 点准时出现在小区广场，遭遇多次投诉依然屹立不倒，而李大爷建立的"夕阳红垂钓社团"只运营了 1 年，却已经处在了解散的边缘。

前面我们已经说过，社群是人与人之间的连接，那么我们就从"连接"的角度来分析一下张大妈的社群，看看她成功的秘诀是什么。

一般来说，人与人之间的连接分为三种，分别是：精神连接、现实连接和数字连接。张大妈的"彩虹广场舞社团"在这三个方面的连接都是最强的。

首先，广场舞是大妈们晚年精神生活的重要组成部分，它不仅有益身体健康，还能放松身心、陶冶情操。而且广场舞跳得好的大妈会受到大家的赞扬和欢迎，该大妈也会获得精神上的愉悦。广场舞不仅是大妈们的共同爱好，也是共同的精神寄托，因此，广场舞社团的成员之间有很强的精神连接。

其次，参与"彩虹广场舞社团"的大妈们都是街坊邻居，她们每天除了跳广场舞以外，还有其他生活上的交集，比如，一起买菜、一起接送孙子孙女、一起聊聊家长里短等等。可以看出，广场舞社团成员之间的现实连接也非常强。

最后，广场舞社团的大妈们不仅互相加了微信好友，还建立了微信群，经常在群里一起挑选音乐，学习舞蹈视频，哪天谁不能来，也会在群里说一声。大妈们的社群不仅在线下活动，还延伸到了线上，而且在线上的互动也非常活跃，广场舞社团成员之间的数字连接也十分紧密。

通过分析"彩虹广场舞社团"成员之间的三种连接（见图1-2），我们可以得出：

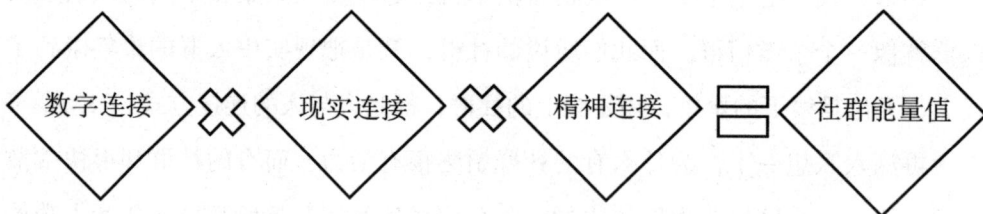

图1-2　社群能量值公式

假如一个社群出现了问题，比如活跃度太低、人数不断减少等，我们都可以从这个公式中去寻找答案。我们不难发现，有的商业社群只做了数字连接，仅仅只是用一个社交媒体工具把人集中起来，这种粗浅的社群经营方式从本质上来说，还是在经营产品。如果一个社群缺少精神连接和现实连接，不经营用户，"死掉"也只是时间早晚的问题。

做社群不是做流量池、卖产品，而是构建与用户之间的多重连接，维护与用户之间的关系，实际上，做社群的本质就是经营用户。

◇经营社群就是经营用户

传统营销的思维是流量思维和产品思维，其逻辑就是生产出一个强大的产品，再通过广告让一万人看到，其中有一千人会关注这个产品，而最终会有 10个人购买。

而社群营销的商业逻辑就正好与之相反，通过优质产品和服务赢得客户口碑，再由老客户带来新客户，同时老客户产生复购。这样一来，10 个老客户有可能影响 100 个目标客户，而 100 个目标客户则有可能影响 10000 个潜在客户，而且由于是熟人推荐，目标客户和潜在客户的转化率都会比较高。

社群营销不是做一锤子买卖，而是要提升复购率，社群营销不是要卖给客户一件产品，而是为客户提供系统的解决方案。过去，有很多企业认为客户是自己盈利的对象，所以他们与客户的关系都是一次性的交易关系。现在，企业发现只有和客户交朋友，才能提升复购率，才能获得好口碑。

俗话说："人以群分"，一个客户背后代表的是一群客户，企业可以通过与一个客户建立关系，进而收获一群客户。而且，客户的角色也不再是单一的，他们既可以是客户，也可以是粉丝，甚至可以是员工、合伙人。

企业必须要认真考虑自己与客户之间的关系，是对立、博弈的交易关系？还是共享、共建的一体化社群关系？毫无疑问，答案当然是后者，因为前者的本质是在经营产品，想方设法地把产品卖给客户，甚至不惜与客户斗智斗勇；而后者则是在经营客户，与客户建立长久的、可持续的关系。

要让企业获得持续盈利的能力，经营者和管理者就要转变自己的思维，要把营销核心从"经营产品"转移到"经营用户"上来。我曾经帮助一位朋友建立社群、经营用户，让他的舞蹈工作室成功跨越了瓶颈，扩展出了更多的盈利渠道。

我朋友的舞蹈工作室开在一个居民小区里，这个小区里还有几个定位相同的舞蹈培训机构，还有几个定位不同的差异化产品，如瑜伽工作室、瘦身训练机构等。在"强敌环绕"的局面中，朋友的舞蹈工作室很快遇到了瓶颈：很难招到新学员，老学员出席率持续降低，试听学员转化率也不高。

面对这种情况，我为朋友制定了两条路线，一条路线是调整产品定位、提升服务质量，从产品的根源上进行优化升级。另一条路线是建立社群，并增加一系列与舞蹈相关的社群服务，比如在社群分享女性美容、穿搭、护肤、健身的知识，并在工作室休息区也增设相关书籍、杂志的借阅区；每周、每月组织社群活动，如看电影、街拍活动、唱歌、聚餐等，创造机会让客户与客户、客户与工作室之间产生连接。

上述两条路线是同时进行的，这样做的最终目的是让舞蹈工作室成为客户除了家和办公室以外的第三空间，让客户对舞蹈工作室产生熟悉感和归属感。当客户愿意把自己的时间花在舞蹈工作室时，出席率、带新率、转化率和复购率自然会增加。客户喜欢这里，不仅因为是喜欢产品，更是因为喜欢这里的人、这里的生活理念和价值观。

企业的管理者和经营者们一定要明白，客户买的不仅是产品和服务，也是归属感、生活方式和价值观。这就是从"经营产品"到"经营用户"的转变，才能经营好客户，经营好社群。

◇什么是真正的社群？

社群是基于各种传播媒介聚集到一起的用户群体，社群具有信息传播、情感交流、文化共享和价值共享的功能。说起社群，大家都会想到小米、罗辑思维和吴晓波的读书会，这些社群都是经营用户的典范，他们的成功也让越来越多的人开始关注社群经济。

在前文中，我们说过：经营社群就是经营用户，那么，从经营用户来说，一个真正的社群应该具备哪些特征呢？我认为真正的社群应该具备以下四个核心特征：

1. 闭合性

闭合性就是为社群建造一堵 "围墙"，为什么这么说呢？在回答问题之前，我们先来看看以下几个社群中，谁的生命力最强？

摄影群、微商拓展群、PPT 分享群，关于这 3 个社群的生命力大多数人都是这样排序的：微商群＞摄影群＞PPT 分享群。这 3 个群分别代表了构建社群的四个核心动力源，即身份认同、兴趣同好、利益创造和资源分享。

这类社群建立的基础是强烈的身份认同，社群成员之间的认同感和信任感让他们彼此更团结，社群也因此而更加具有生命力，因此，身份认同是最有生命力的一种动力源。这也给我们带来了一个重大的启示：我们要为社群选择一个比较闭合的赛道，或者主动为社群建造一堵"围墙"，以增强社群成员之间的认同感和黏性。

比如，要成为 B 站的会员，就必须做一个测试，只有测试合格后，会员申请才能通过。这个实体就是一面围墙，能进入围墙的都是二次元相关文化的爱好者。这个测试还有一个作用，那就是进一步加强了 B 站会员的身份认同，并为会员贴上了文化标签。这样一来，会员与 B 站之间的黏性会进一步增强。

2. 自组织

匹克斯动画的联合创始人兼首席科学家洛伦·卡彭特曾做过这样一个实验：

他在拉斯维加斯找了一间大会议室，然后召集了五千人，他让这些人聚集在漆黑的会议室里，并给每个人发了一根纸棒，这个纸棒的一端是红色，一端是绿色。他还在会议室里设置了一个大大的电子屏幕，屏幕上是他设计的一个乒乓球游戏。

洛伦·卡彭特宣布了游戏规则，他让左右两边的人分别控制一个球拍来进行一场乒乓球比赛，控制球拍的方法就是挥动手中的纸棒。尝试了一会儿，人们很快就找到了诀窍，并相互配合着完成了一场愉快的乒乓球赛。

这个实验充分体现了群体的智慧，它告诉我们：群体不一定是乌合之众，它也可以涌现出智慧，群体中的人也能够自发地找到自己的位置，并配合他人一起完成工作。

社群同样可以达到这样的效果，它可以凭借简单的规则自主运转。很多社群都具有这样的自组织性，如明星粉丝群，明星本人并没有花钱去运营这些社群，但粉丝们却自发地形成了明确地分工，共同为偶像应援、投票、传播话题。

有些运营社群的人总是喊累，运营社群的确需要投入较多的时间和精力，尤其是在运营初期。但如果我们能建立一个良好的运营机制，让社群具备自组织性，那么我们在运营社群时就会轻松很多。

3. 隐秘性

我们在介绍自己时，一般会说："我是 XX 公司的一名运营经理"而不会说："我是'得到'的会员"，因为，在我们心目中自己参与了哪个社群是一件私事，不需要时刻挂在嘴边，甚至不想公之于众。

有意思的是，社群这种连接形态本身就具有一定的私密性，就像一个"神秘"组织。人们加入社群的目的各不相同，有的人是出于兴趣，有的人是为了扩大人脉，还有的人是为了找到同好，无论这些目的是什么，都代表了人们的另一重精神追求，因此，有时候社群身份会变成人们心中的"小秘密"，这种隐秘性能够加强社群成员之间的精神连接，让社群保持生命力。

4. 强关系

微信群与微信公众号有什么区别呢？比如，一个手工爱好者微信群和一个手工公众号，这两者都根植于微信生态圈中，都可以发内容、卖货、传播信息，它们之间究竟有什么本质上的区别呢？

我认为，二者本质区别在于：微信群和用户之间建立的是强关系，而公众号与用户之间建立的是弱关系。

在微信公众号中，运营者和用户之间的距离很远，不能即时互动，阅读、打赏、留言等行为都是反馈而不是沟通和交流。在微信社群里，群主和用户之间可以即时交流和沟通，彼此的关系更加紧密。

强关系和弱关系的经营方式是不一样的，比如，在微信公众号的运营者和用户的关系是传播者和接受者、"明星"和追随者的关系，不需要很频繁的互动和很紧密的关系；而在微信群中，运营者必须用尽一切手段来和用户连接，还要频繁地与用户互动，维持社群的活跃。

前面例子中所说的手工爱好者微信群之所以能够成为社群，就是因为它和用户或者群成员之间建立了强关系，我们也可以说，真正的社群一定是具有强关系性的。

总而言之，不与用户建立精神连接、感情连接的群，一个不能让用户产生认同感的群，是不能被称为社群的，在我看来，不经营用户的社群就是聊天群。

1.3　社群营销新模式：IP+社群＋场景＋电商

当人们不再满足于追求产品的功能和品质，而是更加看重产品所代表的价值观、生活理念和文化标签等精神层面的因素，产品也就成为人们表达自我、彰显个性的载体。

当人们的人生观和价值观与品牌宣扬的形象和理念相契合时，就会与品牌产生精神上的共鸣，也更加渴望能找到一群和自己有相同认知的人，与他们同频共振。

这就是人们选择达令家这类社交电商的原因，因为社群带给客户的不仅仅是归属感还有认同感。社群与电商的结合取得了巨大的成功，这让更多人看到了社群的潜力。于是，人们以社群为核心，发展出了多种新型的行业模式。目前，最火爆的社群营销新模式就是：IP+社群＋场景＋电商（见图1-3）。

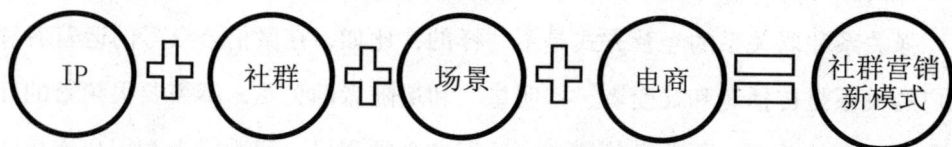

图 1-3　社群营销新模式

　　这种模式是利用 IP 的影响力来吸引流量、构建社群，再借助场景来挖掘需求，进行精准营销，最后用电商来实现盈利。看到这里，有人可能还是对 "IP+ 社群 + 场景 + 电商" 的模式一头雾水。看了下面的案例，你就会对这种营销模式有更清晰地认识。

　　有这样一家酒店，在短短两年时间内就迅速崛起，成为酒店业中的新锐力量，这家酒店的名字叫作亚朵。截止到 2019 年 6 月 28 日，亚朵酒店集团已经在全国 157 座城市布局了 350 家酒店，签约了 754 家酒店，拥有 1800 万名会员。

　　亚朵酒店的营销模式就是 "IP+ 社群 + 场景 + 电商"，首先，它与多个著名 IP 联手，打造了多个主题酒店，吸引了一大批粉丝入住。

　　比如，2018 年 3 月，亚朵与知乎联手在上海徐汇区打造了 "有问题" 酒店；2018 年 8 月亚朵酒店跨界同道大叔在成都打造了 "慢一点" 星座酒店，融合了 IP 形象、星座文化等内容。除了网络知名 IP 以外，亚朵还瞄准了 "莎士比亚戏剧" 这个著名文化 IP，在上海静安寺商圈成立了 "亚朵 THE　DRAMA" 酒店，主打戏剧概念，酒店的客房名全都取自莎翁名剧。

　　其次，亚朵还在 IP 的基础上加入了电商元素，2017 年 8 月，亚朵联合网易严选在杭州打造了 "亚朵·网易严选酒店"，入住的客户可在酒店内体验网易严选的商品并随时通过线上线下渠道购买。

　　亚朵的跨界合作中最值得一提的是 "匠人元素酒店——西安亚朵 S 吴酒店"，这家酒店是与超级 IP 吴晓波携手打造的。吴晓波作为超级 IP，本身就自带巨大流量，很快能引发了社群效应。而且，当吴晓波频道的粉丝会员入住酒店时，不仅可以享受会员权益，还可以阅读蓝狮子出版的书籍，体验吴晓波旗下电商"美好的店"的精选产品。

最后，在经营 IP 合作酒店的过程中，亚朵酒店首先确定自己的目标人群——城市中产人士，再以场景为切入点，连接 IP 圈层，由 IP 和超级客户共同组建社群，影响更多的目标客户。

从亚朵酒店的案例中，我们可以看到"IP+ 社群 + 场景 + 电商"模式的巨大前景，这种模式的商业模式是：用 IP 扩大认知，吸引流量；用社群来构建强关系，加强客户的信任度；用场景来挖掘用户需求，强化产品体验；最后，用电商完成商业变现，形成完整的商业闭环。

下面，我们来具体分析一下"IP+ 社群 + 场景 + 电商"的商业逻辑：

◇ IP: 扩大认知，吸引流量

说到 IP，很多人都会问："IP 到底是什么？"是 IP 地址码？还是知识产权？其实都不是。目前，还没有人给 IP 下一个准确的定义，但是业内却有一个公认的判断标准：判断一个内容或者一个人是不是 IP，只有一个标准，那就是看它能否挣脱平台的束缚，凭借自身的吸引力，在多个平台上获取流量。

从这个判断标准中，我们可以看出 IP 在扩大认知、吸引流量方面有巨大的优势。如果我们把 IP 与社群结合，就可以很好地解决吸粉和拓客的难题。众所周知，罗辑思维是一个超级 IP，在多个平台上都取得了很好的成绩，而这个超级 IP 也吸引了无数粉丝加入社群，成为罗辑思维的会员。

很多粉丝群、追星群也是通过 IP 效应形成的，粉丝们因为喜爱明星而组成社群，而明星的影响力和吸引力又进一步为社群吸纳了新成员。目前，与 IP 结合是社群经济的一大趋势，企业也应该往这个方向发展，可以打造自己的 IP，也可以和其他知名 IP 合作。

购买过完美日记产品的消费者，大多都会加上"小完子"的微信好友。"小完子"正是美好日记打造的一个虚拟 KOL，完美日记是如何做的呢？

首先，"完美日记"在微信上注册了上百个个人账号，这些个人号有一个统一的名字"小完子"，它们不仅有发朋友圈、关键词回复、拉群等自动化流程，还有真人客服手动回复，同时兼顾了服务效率和服务质量。"完美日记"运营团队利用"小完子"微信个人号把用户拉进了的"私域"后，还做了两个方向的运营。

第一个方向是建立"小完子玩美研究所"社群，当目标用户添加"小完子"微信号以后，就会受到加入社群的邀请，运营团队每天都会在群内发布各种美妆内容，以及直播和抽奖，而且，品牌还会在社群内进行用户调研和市场调查，为产品的优化和迭代提供依据。

第二个方面是经营朋友圈，"小完子"不仅是"完美日记"的官方个人账号，也是该品牌打造的一个 IP。"小完子"的朋友圈不仅有真人出镜，而且还充满了生活气息，用户在朋友圈看到的"小完子"是一个有血有肉的可爱女孩，而不是一个冷冰冰的机器人。"小完子"经常在朋友圈发自己的日常和自拍，以及新产品信息和各种抽奖活动。

完美日记通过打造"小完子"这个 IP 形象，用"润物细无声"的推广方式让用户在不知不觉间受到了影响。

◇社群：构建强关系，解决信任问题

社群的作用是构建强关系，解决信任问题。那么，什么是强关系呢？强关系的概念源自美国社会学家格兰·诺维特的人际关系理论，他把人际关系分为强关系和弱关系。

强关系是指社会网络同质性较强（交往的人群、从事的工作、获得的信息比较相近）、互动频率较高、情感因素较多、紧密的人际关系。强关系最有可能在家庭成员、同学和同事中产生。

弱关系是指社会网络同质性较弱、互动频率较低、情感因素较少、松散的人际关系。弱关系就是我们平常所说的"泛泛之交"。强关系和弱关系最大的区别在于：强关系更注重情感，而弱关系更注重内容和事实。

互联网空间中产生的"强关系"与社会学家所描述的强关系是基本相同的，互联网上最紧密的强关系就是社群。社群可以把成员间的互动频率、情感强度、亲密程度和互惠程度都维持在一个较高的水平。

为什么我们要做社群、要建立强关系呢？因为我们要解决社群成员间的信任问题，线上消费行为具有不确定性，只有建立了信任关系社群成员才能放心消费。而且，在强关系网中，有较多的情感维系，与我们建立了强关系的客户更容易被产品打动，也更愿意自发地传播产品。

◇场景：深度挖掘客户需求，强化客户体验

我们平时所说的场景，一般指电视、电影或者小说中的情景和画面，这个画面中包含了很多元素，有时间、空间、行为和关系等。在移动互联网时代，场景是建立在移动设备、社交媒体、传感器、大数据和定位系统之上的体验，它重构了人与产品之间的关系。

场景既可以是产品、服务，也可以是身临其境的体验，各种电子智能设备与电商、文娱、金融、通信等领域结合，完全改变了我们的生活方式，将我们的生活和消费行为植入了一个个特定的场景中，比如，支付宝对应的是付款场景，外卖软件对应的是用餐场景，电商 APP 对应的是购物场景。

而场景营销则是企业以客户所在的场景为入口，与客户进行互动，并完成交易的行为。不过，企业也可以借助特定的时间和空间为客户主动营造场景，并在这个场景中进行营销活动。

比如，火锅连锁店"海底捞"，就在店面内为等位的顾客提供免费的美甲服务和水果饮料，并为用餐的顾客提供各种贴心服务。海底捞给客户提供了优质的场景式体验，让口碑得到了爆炸式传播。抖音的购物车功能也是场景营销的典型例子，抖音在视频内植入购物车，让用户可以边看边买。

把场景和社群结合，可以起到深度挖掘客户需求，强化客户体验的作用，场景能让客户获得更优质的购物体验。比如，某英语学习 APP 的社群每天早晚为用户推送学习资料，把每天的早晚变成用户在 APP 上学习的时间。如果社群不能和场景结合，我们就挖掘不到客户的新需求，也无法优化产品和服务的体验，这样一来，客户的黏性也会大大降低。

◇ **电商形成商业闭环，完成商业变现**

传统的营销是通过大量的广告去塑造品牌形象，增加品牌的曝光度，用填鸭式的灌输去占领客户的心智，当客户想买相关产品时，脑海中就会浮现品牌信息。而产品的质量和性价比会直接影响客户的复购意愿。

可是，随着近年来品牌的增多，广告费用的上涨，这种营销方式的投入产出比已经越来越低。"电商＋社群"的模式成为最受企业青睐的零售方式之一。拼多多、达令家等社交电商平台纷纷如雨后春笋般崛起，很多企业和商家都纷纷入驻。

"电商＋社区"模式下的产品十分多元化，我们可以卖普通产品，也可以进行知识变现，就像罗振宇的罗辑思维。如果你是一个行业专家，你甚至可以通过社群打造个人 IP，开展付费咨询、线上授课等业务。

社群营销有无限种可能，也有无数种玩法，只要我们敢想、敢做！在营销的新时代里，如果社群能与 IP、场景和电商结合，我们就能近距离地触摸到用户的每一次心跳！

1.4　社群营销基本要素：定位、吸粉、运营

社群作为移动互联网时代的一股新势力，在短时间内迅速发展壮大，形成了令人瞩目的社群经济商业模式，并成为企业营销的利器，"无社群，不营销"已经成为当今企业营销的新法则。

今天，品牌的价值已经无法直接用利润来衡量，它与客户群体、文化和价值观结合，成为一个密不可分的整体。没有建立社群的品牌很难与今天的消费者群体形成共鸣。如果品牌缺乏消费者的认可，即使有非常优秀的产品，也很难在市场上有所作为。

因此，企业要根据自身的发展需要和特点，来塑造一个适合的粉丝群体或用户群体，让企业能够乘上社群经济的东风，在市场上占得一席之地。企业在塑造社群时，要从定位、吸粉和运营三个方面来考虑。

◇定位：社群定位的三个关键点

我们都知道品牌需要定位，因为企业要让客户从无数同类产品中一眼就看到自己的产品。同样是牙膏产品，品牌可以定位在牙齿美白、防龋齿、防过敏等功能上，当定位深入人心时，品牌的形象也会深深印入客户的脑海中，在众多的同类竞品中脱颖而出。

同理，社群也需要定位，比如罗辑思维社群的定位是"知识型社群"。我们在对社群进行定位时，要抓住图 1-4 的三个关键点。

解决痛点

体现价值

以产品为基础

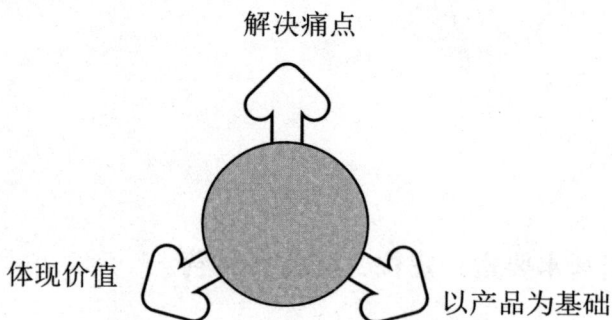

图 1-4　社群定位的 3 个关键点

1. 解决痛点

我们要解决客户某个方面的痛点，比如农一网解决了农资商家们想做电商，但又对电商知识不够精通的痛点。吃货团满足了人们想尝试特色美食，但找不到地方也不会做的痛点。

2. 体现价值

我们在做社群定位时要体现出社群对客户的价值，应避免直接用产品来定位社群，我们可以把产品类社群包装成兴趣社群或者情感社群。

3. 以产品为基础

虽然，社群在定位时要避免直接与产品发生联系，但是要把产品作为基础，因为企业建立社群的目的就是为了销售产品、宣传产品，因此企业要在产品定位基础上来定位社群。

◇**吸粉：社群引流吸粉的 5 个工具**

社群的定位完成以后还要获取粉丝，也就是吸粉。一般来说，吸粉的方法主要有以下 5 种方法（见图 1-5）：

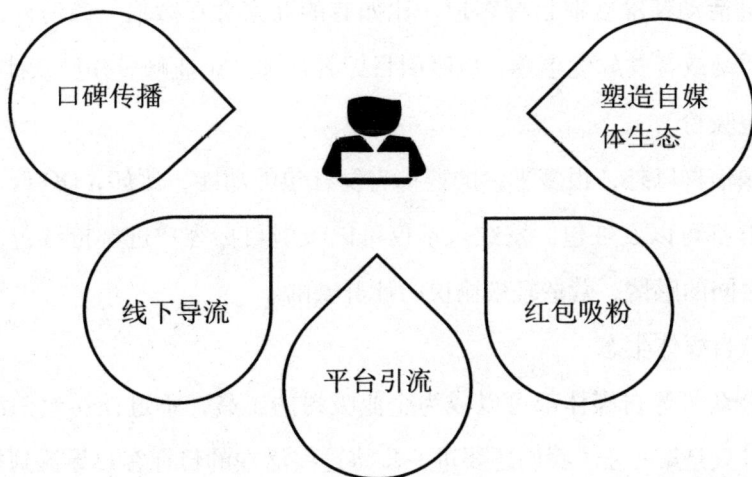

图 1-5 社群吸粉引流的 5 个工具

1. 口碑传播

口碑传播的关键是寻找种子客户，并通过优质的产品和服务来获取客户的认可。小米的成功就离不开口碑传播，从米聊社区开始，小米就聚集了一批忠实的种子客户，并通过这批种子客户塑造和传播了产品的好口碑。

2. 线下导流

有实体门店的企业可以用线下导流的方式来吸粉，比如通过扫二维码或者线上领优惠券等形式把线下客户聚集到线上社群中。线下导流可以直接从目标用户所在的学校、商圈、小区等场所入手，和线上推广相比，线下推广可以让客户直接体验产品，如果客户认可了产品，对社群也会更加认可。

如今线上和线下的获客成本都比较高，所以线下推广的成本并不会比线上推广的成本高。而且对有的企业来说，线下推广的效率更高。拥有大量线下门店的良品铺子就发挥自己"门店多、客流量大"的优势，用优惠、会员等方式进行线下导流，形成了一个大规模的社群。

3. 平台引流

企业也可以通过社交媒体或者行业平台来聚粉，企业可以在各个平台发起活动，通过活动精准获取目标客户。比如有的商家会在微信、微博等社交媒体平台发起活动或者发放优惠券，以吸引目标客户关注企业账号并加入社群。

4.红包吸粉

除了微信群以外，很多平台的群都有发红包的功能，比如，QQ群、微博群和支付宝群都可以发红包。发红包不仅可以吸引目标客户进群抢红包，还能增进群成员之间的感情，营造轻松愉快的社群氛围。

5.塑造自媒体生态

微信公众号等自媒体都可以成为企业吸粉的工具，不过让粉丝关注企业的自媒体账号只是第一步，我们还要进一步将这些潜在的目标客户导流到社群中，因为只有构建了社群才能和他们建立强关系。对于企业来说，自媒体账号可以用来吸粉，而社群则可以留粉、养粉。

把目标客户吸引到社群中以后，还要想办法把他们留住，所以运营是社群营销的第三个关键点，粉丝能不能被留住和转化，还要看运营。

◇**运营：社群运营的5个要点**

企业在运营社群时，不仅要不断吸纳新成员，把社群做大，还要让社群具备强大的传播力，让群里的粉丝自发地为企业推广品牌和产品。为了让社群发挥最佳的营销效果，企业在运营社群时要注意以下几点（见图1-6）：

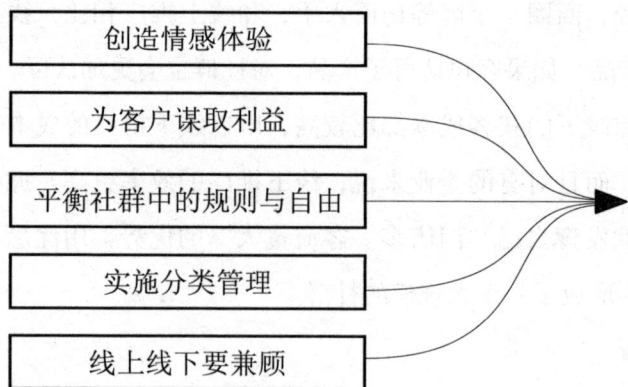

```
创造情感体验
为客户谋取利益
平衡社群中的规则与自由          ▶
实施分类管理
线上线下要兼顾
```

图1-6　社群运营的5个要点

1. 创造情感体验

我们要为客户创造情感体验，让他们获得参与感、归属感和满足感，比如，让他们参与到产品的优化和迭代中去，和产品培养感情。很多游戏公司都会在社群中开展内测、BUG 反馈等活动，这样做不仅可以改善产品，还可以提升客户的黏度。

我们还要加强社群的价值观和文化建设，让客户产生满足感和归属感，小米就用自己独特的文化和价值观征服了广大的"米粉"。一旦当我们创造的情感体验打动了客户，他们就会自发地帮我们传播品牌。

2. 为客户谋取利益

罗辑思维社群曾经为会员免费发放过乐视电视和黄太吉煎饼等产品，这种做法不仅让会员获得了实际的利益，还能增强整个社群的凝聚力，我们在运营社群的时候，一定要为客户谋取福利，不能一味地向客户索取，只有双方互惠互利才能建立牢固而长久的关系。

3. 平衡社群中的规则与自由

规则与自由，是一对不可调和的矛盾体。在社群运营中，规则限制了社群成员的行为，有可能降低社群的活跃度，可是不加限制的自由又会导致各种问题，比如大量广告或违规内容涌入社群，这对社群的发展是相当不利的。

因此，我们要尽量找到规则与自由之间的平衡点，在社群中构建一个平衡体系，制定整个社群的基本原则，在基本原则之下给予社群管理者一定的自主管理权，并在管理层中设立层层监督的机制。比如，正和岛社群就在核心大社群的基础上发展了多个小社群，这些小社群都必须遵守大社群规定的基本原则，但是在日常运营上，小社群是相对比较自由的，当然，小社群的管理者们要受到大社群的监督。

4. 实施分类管理

我们要根据社群成员的进群时间、活跃度、购买力等指标对他们进行分类管理，让社群内营销活动更加精细化。因为，社群空有庞大的人数是不够的，必须要通过合理的分类管理来提升转化率，创造更多商业价值。

5.线上线下要兼顾

社群不能仅仅依靠线上运营，还要兼顾线下运营，因为线下的面对面沟通可以极大地增进社群成员之间的感情，提升他们与社群之间的黏性。线下聚会是一些社群经常采用的线下运营方法，比如，罗辑思维"闪聚"和吴晓波线下读书会等。

社群的运营是一项长期工作，运营人员要不断优化自己的管理方法和管理效率，还要不断更新自己的运营方法，为社群的发展提供强大的推动力。

第 2 章　懂一点社群思维，你就能成功打败 50% 的对手

成功的关键不在于具体的策略，而在于思维方式。如果你想要玩转社群，就要懂得社群思维，用互联网思维为社群运营寻找工具，用金融思维为社群获取现金流，用跨界思维给社群带来新的增量，用平台思维为自己选择一个好平台。有了这 4种思维，你就能打败 50% 的对手。

2.1　互联网思维：学会用互联网的各种工具

做社群必须要懂互联网思维，这里的互联网思维是指我们必须要学会拥抱互联网，利用互联网营销工具。

工具的力量是毋庸置疑的，在远古时代，人们还没有工具的时候，只能靠双手去捕获食物。后来，人类发明了石器、青铜器、陶器、铁器、瓷器，生产方式和生产效率也随之取得了巨大的进步，人们的生活也变得越来越好。

经营企业也一样需要工具，过去，传统企业是没有任何管理和运营工具的，连打卡机都没有，需要手工录入考勤，管理员工全靠人。后来，有了打卡机、

财务软件管家婆、OA办公系统以及各类营销软件。社群营销工具也从QQ群、微信群逐步发展到了如今的万人大社群系统。这些互联网工具的出现一次次地颠覆了传统企业的营销思维。

◇**任何企业都可以插上互联网的翅膀**

我们每个人手机上的微信、支付宝、淘宝其实都是工具。这些工具不仅可以为我们的生活带来方便，也可以运用到营销当中。对现代企业营销，互联网工具究竟有多重要？看完下面这个例子你就明白了。

有一次，我在街边买了一个烤红薯，当我准备拿出零钱付款时，卖红薯的老爷子拿出了一个二维码让我扫码支付。我原以为这就是一个收款二维码，可是我扫完之后，发现竟然是一个商城。

于是，我问这个老爷子："这是您的商城？"

他说："是啊，这是我们村里面所有的土特产，你可以在上面购买我们的红薯、花生，以及我们的……"

我听了老爷子的话后大吃一惊，为什么一个卖红薯的老爷子都会有商城？我接着问他："您商城生意怎么样啊？"

他说："非常好啊"。

我说："既然商城生意很好，那你为什么还出来卖红薯呢？"

他说："因为我要拓客呀，我要拓新的客户呀。"

我听了老爷子的话很有感触，卖红薯的老大爷都能灵活运用互联网工具来做生意，可是很多企业的老板依然墨守成规，不懂得运用新的武器、新的知识。这样的老板难道不应该反思和自责吗？有的人天天在自己的公司里、店铺里苦等客户，却不知道客户已经在互联网上被别人"拦截"走了。因此，我们必须要了解新鲜的事物，用新的眼光来对待自己的生意。

也许有人会说："我的企业不适合互联网。"我可以很明确地告诉大家，每家企业都可以拥抱互联网。

我有一个学员，这个学员曾经问我："老师，我是一个开水果店的，我用什么样的方法才能够插上互联网翅膀，获得大量的客户呢？"

我对他说："你一定要学会用新的互联网工具。"

接着，我就教他如何建社群，如何在群里互动，怎么样把所有购买过水果的客户，以及所有来过店里的人都装到一个微信群里。我还让他每天给这些人发红包，每天跟这些人互动，让这些人往群里引进新成员。一个月以后，这位学员建了 8 个小微信群，搞了一场活动，仅会员充值金额就达到了将近 200 万。

现在的市场日新月异，发展速度飞快，只要我们稍不努力就会被别人超越。我作为专业资深的运营人，深刻地感受到了近几年来营销手段和营销平台的变化。就连社群运营的方法也不再是简单地建微信群、QQ 群了，想把社群做好就要用好工具。

2.2　金融思维：无论赚不赚钱，首先想办法有钱

金融思维，是运营社群必须具备的重要思维方式。什么是金融思维呢？简单来说就是现金流思维，无论赚不赚钱，我们首先要想办法拥有钱。俗话说"钱能生钱"，钱不光是可以拥有的，也是可以使用，可以投资的。

很多传统企业的老板没有金融思维，他们做生意的方式是花 5 块钱进货，再以 6 块钱的价格卖掉，赚 1 块钱的差价。经营一段时间以后，他们就把利润汇总起来，去扩大自己的企业，最后的结果是：这些老板辛辛苦苦做了六七年生意，最后手中还是没有钱。因为，那点为数不多的利润都被拿去扩大投资、扩大生产、扩大经营了，这些老板们又该如何去积累大量的金钱呢？

◇有了现金流，社群才能盈利

而拥有金融思维的人，随时随地都在想着如何创造和拥有大量的现金流。举个例子，上一节中提到的那位卖水果的学员，在跟我学习完之后准备搞一次社群活动。可是他不知道要怎么做活动，于是来咨询我。

我问他："你的水果是怎么卖的？"

他说："我的水果是按斤卖的。"

我说："那咱能不能按年？"他说："怎么按年？"

我说："980 元一年，在这一年中客户可以天天来店里免费吃水果，而且你还送他其他的产品。"

这位学员按我的建议搞了一次办会员年卡的活动，几乎所有到店的客户都买了这张 980 元的年卡，仅仅一个月的时间，这位学员就卖出了将近 3000 张卡，我们可以算一算，通过这场活动，他获得多少现金流。如果按他以前卖水果的方法，一斤一斤地卖，要卖到什么时候才能有这么大的现金流呢？

如今，做什么生意都不容易，过去是"大鱼吃小鱼"，现在是"快鱼吃慢鱼"，在激烈的市场竞争中，慢一步就满盘皆输。小微企业要在这样的市场环境中生存下来着实不易，特别是一些刚刚开始创业的小公司，本来初始资金就不足，还要为了生存展开低价竞争。在利润已经被压缩的情况下，还要被客户拖欠账款。在这样的情况下，老板还要支付房租、给员工发工资，资金很快就会告急。很多创业公司在做了几个资金不流动的项目后，就选择了关门大吉，他们不是输给了对手，而是输给了现金流。

现金流就是企业的血液，如果"血液"不流动，企业就不会盈利、不会发展。如果一个企业长期没有充足的现金流，势必会危及生存！我们创造现金流就是为了让企业的血液流动起来，并在流动中获益。

一家企业经营状况的好坏不能仅看利润，很多国外大型公司直到崩溃前夕都是盈利的，这些公司崩溃的原因就是现金流不够导致资金链断裂。所以，哪怕企业生意少做一点、社群小一点都没有关系，但是没有现金流却是十分危险的。

有了现金流，企业才能活起来，因为现金流是可以带来盈利的，我们可以把现金流用来扩大生产、建设社群、吸引流量、做活动等。总而言之，没有现金流的企业是活不下去的，没有金融意识的老板也是做不好社群的。

◇**一定要做付费社群**

我一直强调一个观点，那就是要做付费社群，因为没有付费或者说没有盈利模式的社群是"活"不长久的。我们做社群不能"用爱发电"，必须要有金融意识，要想办法赚钱，还要让社群中的客户也获益。

为什么一定要做付费社群呢？我们不妨先跳出运营者的角度，把自己带入到客户或普通社群成员的角色中，想象一下，如果你突然被拉入一个微信群，但碍于熟人的面子又不好意思马上退出，你会怎么做呢？我想，大多数人的答案一定是当一个沉默的隐形人。因为我们加入社群时，是被朋友或熟人拉进去的，动机并不强烈，所以并不会在社群中有很活跃的表现。

如果，你加入的是付费社群呢？情况一定会大不一样，因为是你自己主动付费加入的，有较强烈的动机，希望能从社群中获得一些东西，所以你一定会踊跃地在社群中发言，并积极回应其他社群成员。而且，你投入了金钱成本，如果不能在群里刷一波存在感，岂不是太亏了？

免费社群之所以容易"死"，是因为除了少数几个运营者以外，其他的人都不愿意输出和互动，而运营者的能力和精力也有限，不可能凭一己之力盘"活"一个社群，最后社群只能沉寂下去了。

我曾经做过一个小型社群，并设置了入群门票50元/年，这个小社群吸纳了200人，运营了一段时间以后，其中有170多人加入了我的另一个学习群，学习相关付费课程，我认为这个转化率还是比较高的，能得到这个不错的转化率，和50元的入群门票是分不开的。

50元虽然不多，但是它能帮助我筛选出有强烈学习意愿的客户，这些人进群后互动也会更积极，当群里产生良好的互动氛围时，社群成员就会获得良好的体验，后期转化起来也就更容易了。不过，做收费社群要掌握时机，如果你刚开始运营社群，可以先从免费的做起，等积累了一定经验以后，再做收费社群。

免费的东西大家都不会珍惜，而且也不会正视这个东西的价值，做社群同样如此。曾经有一位学员对我说，参加了我的付费课程以后学到很多东西，又经由我的社群结识了许多优秀的人，她获得的价值远远超过了当初所付出的金钱。

总而言之。我们做社群必须要具备金融意识，要时刻想着收钱，收钱意味着我们要给客户创造价值，要让他们觉得物有所值。同时，收钱能让我们获得充足的现金流，让企业的"血液"流动起来。

2.3 跨界思维：终结你的，往往是你看不到的对手

在当今社会中，你的竞争往往出乎意料，而且很多企业都不是被同行打垮的，而是被一个跨界而来的"外行"打垮的。

开饭店的老板一直以为自己的竞争对手是隔壁的火锅店、对门的麻辣烫，却没想到被一家叫美团的互联网公司抢了生意；开酒店的老板以为自己的竞争对手是其他的客栈、旅馆，但是却被一家服务网站爱彼迎抢走了客源；服装店老板以为自己的客户在其他同行那里，但实际上，客户在电商平台上。

以上所举的例子都是跨界，在互联网时代，这样的跨界商业行为会越来越多，如果我们不能跟上时代的脚步，让自己具备快捷思维，那么，我们迟早会被自己看不到的对手终结！

◇什么是跨界思维？

究竟什么是跨界思维呢？说白了，就是多角度、多视野地看待问题，交叉、跨越地思考问题，并提出系统解决方案的能力。

跨界思维要求我们具有比较全面而综合的知识结构，涉猎过不同领域，对互联网和实体商业都有所了解。如果一位企业家具备了跨界思维，他就可以高效地整合各方资源、打破利益分配格局。

在社群中，人人都是资源所有者、信息传播者和利益创造者。如果我们把跨界思维运用到社群中，就可以轻松获得人脉、渠道、资金等资源，并把低效资源整合成高效资源，打破产品或服务的边界，从而组合或变异出新的产品或服务。

跨界思维主要体现在以下几个方面（见图 2-1）：

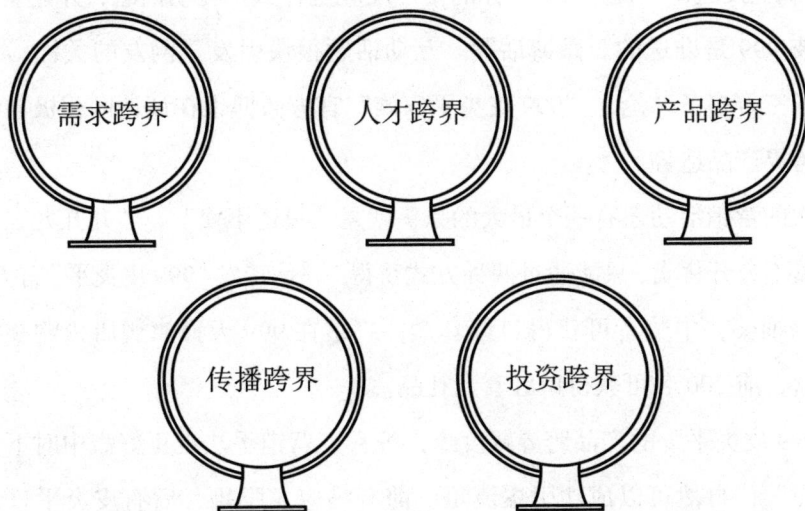

图 2-1   跨界思维的 5 个维度

1. 需求跨界

当用户产生了跨界需求，我们就要调整相应的产品和服务供给，通过社群聚变来建立精准的营销客户群。

2. 人才跨界

我们要改变传统的人力资源运用模式，实现技能跨界和团队跨界。

3. 产品跨界

我们要打破传统的产品设计和研发模式，建立产品创新体系。我们还可以充分发挥想象力，用不同行业的产品来玩产品跨界。

2019 年 8 月。"999 皮炎平"推出了一组名为"九九九三口组"的口红套盒，其中包含"鹤顶红""夕阳红""够坦橙"三款颜色，还结合产品推出了"一擦绝情、二擦静心、三擦必赢"的口号，在年轻人群体中掀起了一波热潮。

"999 皮炎平"不只在产品跨界上求新求变，在营销上也是紧跟时代潮流，"九九九三口组"口红套盒推出后，知名博主"微博搞笑排行榜"就在当年的 8 月 12 日晚上发起了"提到 999，你的第一反应是什么"互动话题，并建立了"你的第一支 999 是谁送的"微博话题。互动话题很快引发了网友的关注，短时间内就有了三万多条评论，"999 皮炎平家族"官方微博也在评论区积极与网友互动，为跨界产品造势。

这次的营销活动还有一个最大的噱头就是"只送不卖"，"九九九三口组"口红套盒不公开售卖，只能通过两种方式获得：一是转发"999 皮炎平"官方微信、微博参与抽奖，中奖者可获得口红套盒；二是在 999 天猫旗舰店抢购 999 皮炎平小绿盒，前 200 名可获得口红套盒礼品。

"999 皮炎平"的产品跨界幅度令人惊喜，营销手法也正好戳中时下年轻人的"痒点"，自然可以成功引爆流量。前有马应龙眼霜，后有皮炎平口红，每一次药品与美妆产品的跨界，都能吸引眼球，收割大批流量。由此可见，做产品跨界就是要有天马行空的想象力，要为消费者制造惊喜。

4. 传播跨界

很多社群之间没有连接，这导致了信息的传播方式呈四面发散状态，我们要让社群之间产生联系，形成跨界自动传播体系。

5. 投资跨界

社群的裂变会引发跨界投资，利益会驱动资源的整合，只要能盈利，就会受到资本的青睐。

下面，我通过一个案例来讲讲社群的跨界。

有一个保健品消费者社群，运营者想跨界发展，于是他根据社群成员的兴趣和特长举办了多次户外活动，并将原有的社区进行了裂变，发展出了一个新的户外群，把传统的保健品消费者吸引到了户外运动群。

接着，运营者进行了产品和服务的跨界，他通过线上和线下活动，加强了成员之间的信任感，并激发出了群成员之间的社交需求，为了满足这一需求，他开始销售户外运动用品和聚餐服务。

然后，运营者又进行了行业跨界，从户外活动中裂变出了短途旅游服务。这位社群运营者从保健品行业跨界到了户外行业，又从户外行业跨界到了旅游行业。

最后是投资跨界，当新的需求产生时，社群成员会自发形成新的社群，并通过投资、参股、众筹等方式筹集资金，经营起新的项目，如摄影协会、餐饮服务、读书会等。

通过以上四重跨界，原来的保健品消费者群已经成为一个庞大的赚钱社群，资源的不断重组，让社群始终充满活力。如果你也能具备跨界思维，并完成这四重跨界，那么你的社员想不盈利都难。

◇ **如何训练跨界思维？**

我们应该如何训练自己的跨界思维呢？可以从以下三点着手（见图 2-2）：

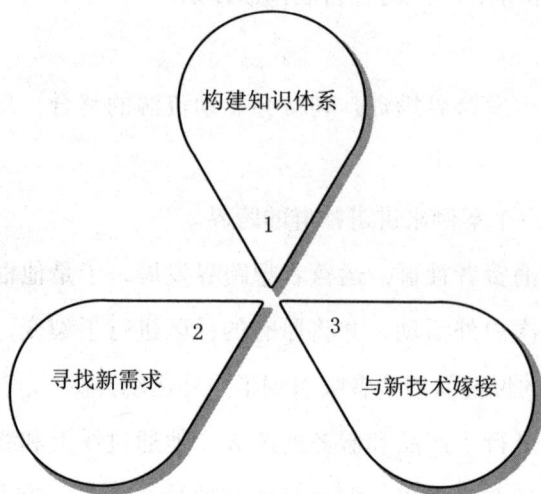

图 2-2　训练跨界思维的 3 个方法

1. 构建知识体系

我们要积极学习新的知识，构建自己的知识体系。有些知识看起来互不相干，但它们的底层逻辑是相通的，最后都会联系起来。比如，历史知识会延伸到地理知识和人文知识，深入研究后，会一直延伸到社会学、心理学和传播学的范畴。而语言知识会从语法知识、词汇知识一直延伸到语言的演变以及历史文化。

巴菲特的合伙人查理·芒格曾经说过："掌握多学科的重要理论，在你思考的时候，将它们都用上，你就能做出更好的判断。"

2. 寻找新需求

要跨界，就要寻找新需求，并且利用这种需求，连接另一个新领域，在同一个场景下产生新的增长点和爆发点。要找到新需求，就要认真分析自己的客户群，比如，一家线上咖啡店的用户大多是年轻人，而这些年轻客户有购买礼品和鲜花的需求，于是线上咖啡店的运营者就可以找到跨界的方向了。

跨界的本质就是形成差异化，在原来的领域中，竞争越来越激烈，我们需要找到一个新的增长点和爆发点来打破僵局。因此，跨界也成为很多企业的发展方向。

3. 与新技术嫁接

随着科技的不断进步，传统行业也开始与新技术结合，并取得了很好的"跨界"成果，比如麦当劳、肯德基等传统快餐企业与互联网结合，成功开发出了线上业务。如今，信息、资金、物流都在向互联网汇聚，不同的行业都在接受互联网技术的"熏陶"，在嫁接新技术后，各行各业跨界的现象一定会越来越多。

因此，我们要时刻对新技术保持关注，并培养自己的敏锐嗅觉，找到自己所在行业与新科技的结合点，发现跨界新商机。

跨界思维，不仅能给我们的事业带来新的增量，也能让我们的目光变得更长远，思维变得更开阔，嗅觉变得更加敏锐。如果我们具备了跨界思维，将会在市场竞争找中获得极大的优势。

2.4　平台思维：获得人脉最快的方法

平台思维是企业家乃至资本家所具备的最伟大思维。因为，全球所有成功的企业家都在搭建平台，比如，马云搭建了阿里巴巴平台、淘宝平台和天猫平台，所有的企业家都在阿里巴巴上卖货，所有的小商家都在淘宝上卖货，所有的品牌都在天猫上卖货。

加入平台则是我们获得人脉最快的方法。目前，我的社群已经有十几万人，那么，这十几万人是不是一个平台呢？当然是，如果我在社群里发一个广告或者推销一个产品，会有什么样的效果呢？如果这十几万人在一起共同去创造一个全新的事业，会有什么样的结果呢？不难想象，社群会为我们带来多大的帮助。

事实上，我们所在的每一个社群都是一个大平台，因为，社群里有来自五湖四海的朋友。

那么，我们要如何选择一个好的社群作为平台呢？

◇**好社群的七个特征**

一个好的社群应该满足七大特征，它们分别是：共同价值观、共同目标、简单有力的行为规范、清晰的组织结构、强大的内部链接、树立榜样、有稳定的输出。如果没有这些特征，这个社群就不是一个合格的社群。不管我们是要加入社群，还是构建自己的社群，都要注意社群是否符合这几大特征（见图2-3）。

共同价值观　　共同目标　　简单有力的行为规范

清晰的组织结构　强大的内部链接　树立榜样　有稳定的输出

图 2-3　好社群的七大特征

1.共同价值观

一个社区必须要有共同价值观，而且这个价值观可以具体化为口号、音乐、手势、Logo或者是行为准则。比如，罗辑思维的价值观是"爱智求真"。共同价值观虽然看起来很务虚，但是它可以指导社群成员的行动，统一社群成员的思想，形成每个社群的独特氛围。

2.共同目标

一个好社群必须有共同目标，有了共同目标，成员们就会为了完成目标而互相帮助、互相鼓励。比如，考研复习社群的目标是让每个成员都顺利考上研究生。

共同目标必须符合绝大多数社群成员的意愿，而且拆解成阶段性的小目标，让成员更有信心去完成。比如，考研复习社群的大目标"考上研究生"，可以拆解成每个月要完成的学习任务。

3. 简单有力的行为规范

为了实现社群的共同目标，社群还必须有行为规范，要让社群成员明确，为了完成目标，他们必须做哪些事情。比如，一个旅行社群的目标是 5 年以后一起去南极，于是，成员们必须努力提升自己，让自己有更充裕的资金去实现目标，为了帮助大家共同进步，社群运营者提出了让每位成员每周写一篇文章，分享收获和心得，群成员之间要互相"检查作业"。这种方式有效地帮助社群成员，让他们在互相督促和良性竞争中不断进步。

行为规范不宜太复杂，越简单越好，如果难度太大或者操作起来太复杂，会影响社群成员们遵守行为规范的积极性，有的成员甚至可能会中途放弃。社群运营有一个重要的原则，那就是"过程大于结果，鼓励多于批评"，运营者要保证每个社群成员都有所收获，并有信心坚持下去。

4. 清晰的组织结构

优秀的社群一定具有清晰的组织结构，社群发起者、管理者、热心贡献者、普通参与者都有自己的位置和相应的职责。

优秀的社群除了有清晰明确的组织结构，还有正向的内部循环系统，上级会引导下级不断向上，让社群可以持续运转。当一个社群的管理者成长起来以后，他们还可以运营新的社群，这样一来社群就可以不断复制了。

5. 强大的内部链接

社群成员之间应该存在多重的内部链接，比如情感链接、信任链接、现实链接等，社群的内部链接可以起到稳定社群、增强成员之间黏性的作用。内部链接强的社群，可以让新加入的成员快速融入进来。

6. 树立榜样

社群中不能缺少榜样的力量，榜样也可以成为 KOL（意见领袖）。罗辑思维社群的榜样是罗振宇，他主导着社群的价值观和理念。榜样的力量是号召力和影响力，榜样树立得越好，社群就越有影响力和号召力。

7. 有稳定的输出

一个优秀的社群必须有持续而稳定的输出，可以输出产品和品牌活动，也可以输出音频、视频和文章。稳定的输出是社群的根本，只有保证稳定的输出，才能让社群保持生命力，也能够影响到社群之外的人，让他们也融入社群。

社群的输出应该全员参与，把一个人输出变成一群人输出，让参与的社群成员从输出的过程中体会到自己能力的提升。

平台思维要求我们意识到平台的重要性，并且要为自己选择一个好平台，并在平台上获得成长。与此同时，我们也应该尝试着成为平台的建立者，整合各方资源、成就一番事业。

Part 2

从 0 到 1，七步打造你的百万级社群

第 3 章　精确社群定位，聚焦到垂直细分领域

> 定位，是社群未来发展的方向，也是社群能够持续运营的基础，因此，在开始构建社群之前，你要对社群进行定位。你可以问问自己：为什么建立社群？社群能带来什么价值？在哪个平台构建社群？社群中应该有哪些人？社群计划运营多久？社群怎样盈利？如果你能清楚地回答这几个问题，那就说明你已经做好了社群定位，可以开始着手建群了。

3.1　目标定位：为什么建立社群？

社群经济的前景一片光明，也有很多人通过社群实现了财富自由，但是也有一些人没能获得成功，他们建立了社群，可这些社群中的绝大部分都"死"在了半路上，还有社群虽然"活"着但却不能盈利。做社群为什么会失败？原因有很多，但最核心的一点就是没有明确的定位。

做任何生意都要有定位，定位客户、定位产品、定位内容、定位盈利模式等，做社群同样如此。有的人在建立社群之前，把一切都想得很美好、很简单，

只凭着一股冲劲就开始建群。但是，他们压根都没有想过下面的这些问题：

我的社群能满足他人的哪种情感需求，并让他们对社群欲罢不能？

我的社群能给他人什么样的快乐体验，并让他们渴望再来？

我的社群能给他人什么样的利益，并让他们充满期待？

我自己能从社群中获得什么样的回报？

很多人都简单地认为，只要能拉到人，能扩大社群规模，就能获得回报。这种想法是完全错误的，如果一开始不做好目标定位，社群的后期运营会遇到很大的问题。所谓目标定位就是搞清楚一个问题：为什么要建立社群？我们必须要明确自己建立社群的目标，而且确立目标是社群定位的核心和基础。

◇**构建社群的常见目标**

一般来说，人们构建社群多半是为了实现以下六大目标，我们可以看看自己属于哪一种（见图3-1）：

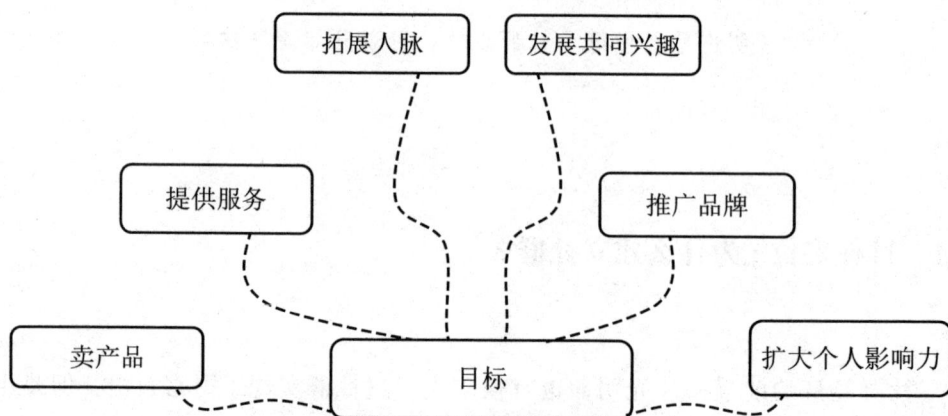

图 3-1　构建社群的六大目标

1. 卖产品

大部分人建立社群的目的是卖产品，这里的产品是泛指，包括实体产品、服务、会员、内容等。比如，有一个人非常善于刺绣，她建立了社群，不仅在群里推销自己的作品，还销售自己的教学课程。

事实上，这种以卖产品为目标建立的社群生存下去的概率反而更大，因为在利益的驱使下，运营者会做好社群的维护工作，为成员提供更好的服务，以此来获得老客户的好评和回购，并吸引新客户购买产品。

2. 提供服务

有的社群是以提供服务为目标的，比如，在线教育机构的社群就是为答疑服务而建立的，因为在线教育机构有大量的学员，老师不可能在课堂上一一为他们答疑，建立社群就成了一个很好的选择。有的企业建立社群，目的也是为了向客户提供咨询服务或售后服务。

3. 拓展人脉

有些社群是人脉型的，目标是帮助社群成员扩展人脉。做人脉社群一定要有清晰的定位，否则就会找不到重点。因为，每个人对于人脉都有不同的需求，我们如果不能把握住大方向，就会导致社群失败。

4. 发展共同兴趣

有一类社群是基于成员们的共同爱好而建立起来的，这种社群的主要目标是维护和发展共同兴趣，构建一个爱好者小圈子。很多考研社群、读书社群就是以发展共同兴趣为目标建立的，比如"Scalers Talk 成长会"，它是一个以口译爱好者、口译学习者为主要人群的社群，这个社群的目标是"持续行动，学习成长"，创始人构建这个社群的目的也是让群成员共同完成一些有意义的事，并从中获得成长。

5. 推广品牌

以推广品牌为目标建立的社群不仅仅是向群成员推销该品牌的产品，而是期望和社群成员建立紧密的关系，与客户发展更多的情感连接。当品牌通过社群与客户之间形成了信任关系，品牌的传播效率就会大大提高。

但是，并不是所有的品牌都能和客户建立情感连接，这和产品的品类和沉淀有关，比如，洗手液这类日用品就不容易和客户产生情感共鸣，因为它实在太普遍、功能性也太强，既不能代表某种生活方式，也没有什么很深刻的文化内涵，几乎每个人都要使用它。因此，我们一般不会用建立社群的方式去推广一个洗手液品牌。

而手机就不同了，它是一种兼具时尚度、高频度、潮流度的产品，客户的关注度也很高，可讨论的话题也比较多，不同品牌的手机可以表达出客户不同的态度和偏好。因此，用社群推广手机品牌就是最佳选择。

当然，还有一些品牌本身没有什么知名度，也没有客户沉淀，想要建立品牌推广社群也不容易，我们可以先从其他角度入手构建社群，比如卖产品、发展同好等，等沉淀出一批忠实客户以后再做品牌推广，就能达到事半功倍的效果。

6. 扩大个人影响力

社群的快速裂变和复制能帮助个人快速地扩大影响力。社群虽然不是正式的组织，群主也不是正式的负责人，但是他在社群中依然具有相当的影响力。当社群不断扩大时，群主的影响力就会进一步扩大。而在 IP 经济盛行的当下，影响力就是商业价值，只要群主能找到合适的变现渠道，就能获得丰厚的商业回报。

一般人做社群的目标不外乎以上六种，社群的目标定位不同，后续的运营方法也会有所区别，因此我们在建立社群之初就要确定自己的目标，只有这样才能厘清后续的运营方法、用户价值点以及盈利模式。

◇**做社群，需谨慎**

做社群最怕的就是什么都没考虑清楚就开始急着到处拉人，没有方向、没有目标、没有定好社群基调的情况下拉来的人真的是我们的目标客户吗？如果没有做好目标定位就盲目拉人，社群的调性就会变得很混乱，后期想调整也会十分困难。

虽然, 有些兴趣型的社群并不能在一开始就设计好商业模式, 而是要在运营的过程中不断摸索, 但是, 建立社群的目标和动机应该在一开始就明确, 只有这样我们才能找到目标人群, 我们吸收的社群成员才是与社群定位相符的。

社群的目标定位决定了社群的未来方向, 也决定了社群要吸引什么样的人、拒绝什么样的人。比如, 秋叶 PPT 社群是以学习和分享为目标的社群, 他们的活动也是围绕着学习、读书和分享展开, 那么, 秋叶 PPT 社群吸收的都是有学习意愿和分享精神的人, 拒绝的都是那些想凑热卖、交朋友的人, 和那些想当"伸手党"无偿索取资料的人。秋叶 PPT 社群设置的筛选门槛是收费, 通过收费可以看出一个人是否有真正的学习意愿。

秋叶 PPT 社群始终以学习、成长和分享为目标, 因此让他们一直坚持走以个人用户付费为主的道路, 没有发展企业级客户和团购业务。秋叶 PPT 社群之所以能够一直活跃, 并且始终保持自己的方向, 主要就是因为他们有明确的目标定位。

3.2　价值定位 : 社群能为成员带来什么价值？

社群的价值是指社群给成员们带来的价值和利益, 比如能让客户更了解产品; 能让群成员们互相交流彼此的兴趣爱好; 能聚集圈内精英, 让社群成员扩展自己的人脉; 为统一地域或同一行业的人们提供交流平台; 成为某个小众群体的聚集地等等。

在建立社群之前, 我们就要考虑清楚, 自己的社群能给成员们带来什么价值, 以及社群能为我们自己带来什么价值, 换句话说, 就是要做好社群的价值定位。在做社群的价值定位之前, 我们首先要了解一般社群的三大营销价值。

◇**社群的三大营销价值**

1. 让客户感受品牌温度

品牌的塑造要经过长期的努力，只有获得大众的广泛接受和长期认同，品牌形象才算树立成功。品牌塑造的过程不仅漫长，而且充满了不确定性，而社群则可以帮助品牌与目标客户"近距离"接触，并为品牌创造直接展示自身个性和形象的机会，让客户也能感受到品牌的温度。

2. 产品促销

在社群共同价值观和社群活动的感染下，社群成员会对产品产生信任，并产生购买冲动。而且社群成员还会自发地传播产品信息，影响其他的潜在客户。因此，社群有促进产品销售的营销价值。

3. 维护客户关系

在传统营销中心，产品一经售出，企业就和用户断开了连接，除非后期有售后服务发生。社区将正好可以弥补这一空白，帮助企业圈住客户，让客户参与到产品反馈、产品优化升级中来。社群让企业和客户的关系更加紧密，是客户成为品牌推广的助力。

明白了社群的三大营销价值，接下来，我们要把这三大价值和用户需求结合起来，寻找社群的价值点，做好社群的价值定位。

◇**如何寻找社群的价值点**

我们在寻找社群的价值点时，可以从以下几点着手，找到了社群的价值点，社群的价值定位也就明确了。

1. 抓住目标客户的痛点

社群的价值点是建立在客户的痛点之上的，如果我们能解决他们的痛点，社群对他们来说就是有价值的。有的社群运营者没有找到客户的真正痛点，所以他们不能为客户提供价值。曾经有个朋友咨询了我一个问题：

他说："周老师，我是做女性婚恋社群的，现在我已经建了好多群，拉了很多单身女性进群，但是群里的活跃度不高。请问要怎样提升群里的活跃度呢？"

我想都没想就回答："这还不简单吗，找一批优质单身男青年，推荐给群里的女生啊！"

结果这位朋友说："可是我们手上没有优质男青年的资源啊！"

我反问他："女性结婚征友的群，没有优质男，你把这些人拉在一个群里做什么？"

这位朋友愣住了，他接着说："现在临时找资源好像也来不及了，周老师，你能帮我想个办法，把群里的这些女生都留下来？"

我直截了当地说："这是不可能的，这些单身女性的需求就是找到另一半、解决个人问题。而你的群又不推荐优质单身男性，她们为什么要留下来呢？你要去找愿意交友的单身男性，每天在群里推荐一个，还要让他们去群里和女生互动，比如，让男生回答女生的问题，回答满意的可以交换联系方式，这样你还怕你的群不活跃吗？"

如果你也像我这位朋友一样，抓不到用户的痛点，自然也很难找到社群的价值定位，那么，社群的运营方向也会歪掉。

2. 把价值点具体化

有人这样描述自己社群的价值点："我把小伙伴们聚集在一起，想让大家能共同成长。"共同成长是价值点吗？恕我直言，这种空洞的价值点根本无法让客户看到价值。

同样是共同成长的社群，有人就把价值点做得很具体，我有一位学员他创立了一个营销学习分享社群。首先，这个社群是收费的，有了收费的门槛，社群成员们的价值感会被加强。其次，我的这位学员经常邀请一些营销大咖来群里做分享，让社群成员们真正学到东西。最后，这个社群中有来自各行各业的人，还有一些营销高手，他们聚集在一起可以很好地拓展人脉。

我这位学员的做法就是把价值点具体化，让客户和社群成员能真正感受到社群带给自己的价值。

3. 为群成员提供真正的回报

真正的回报是指看得见摸得着的、物质层面的回报，也可以简单理解为经济回报。共同的兴趣和目标虽然可以很快地把一群人聚集起来，形成社群，但是如果没有经济回报来满足社群成员的需求，那么社群就会陷入一场虚假的狂欢之中。

很多人在运营社团之前根本没有想到要怎样获取商业回报，在运营过程中也没能找出能产生商业回报的点。在这种情况下，社群运营者的激情会很快消退，社群要么慢慢沉寂下去，要么变成广告的天堂。

小米早期社群给客户的回报是高性价比的手机和其他小米硬件；罗辑思维社群给客户的经济回报是商城优惠和有价值的内容；达令家社群为客户提供低价的团购商品；还有一些创业社群甚至能帮助群成员找到投资，这就是社群给群成员、给客户的经济回报。如果我们要建立一个高水平的社群，就要给客户或社群成员真正的回报。

无论是构建社群、管理社群还是参与社群都要花去很多时间和精力，我们真的能做到为了爱好、为了兴趣不计回报地持续付出吗？我想大多数人都是做不到的，因此我们要找到社群的盈利点，为自己、为成员、为客户带来真正的经济回报，只有这样，社群才能长久地经营下去。

4. 与社群成员建立互惠关系

看过了太多社群的生死之后，我发现真正能活下来的社群不是人数最多的，也不是最活跃的，但一定是与社群成员建立了互惠关系的。

社群的商业化是一条必经之路，因为社群要生存、要盈利，在社群商业化的过程中难免会有群成员产生不满和质疑，这时候讲再多的道理、画再多的大饼都不管用，还不如和社群成员建立互惠互利的关系。当互惠互利的良性社群生态建立起来以后，社群就会就会进入自运营状态，不需要人为干预，也能保持一定的活跃度。

秋叶 PPT 的核心社群就是一个典型的互惠互利群，秋叶老师有需求的时候，群成员会主动帮忙，而秋叶老师也会为群成员介绍订单，并帮他们推荐好的工作机会。群成员之间也会经常互相打赏，分享创意和点子。正是因为有了这样互利互惠的关系，秋叶 PPT 核心社群才能长久地运营下去，而且，秋叶老师和群成员都借助这个社群扩大了个人影响力。

社群的价值定位有三个层面，如图 3-2 所示。

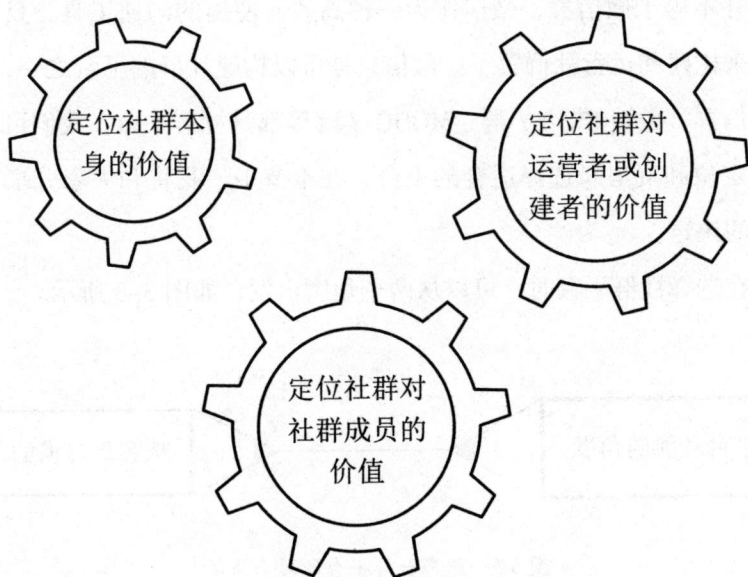

图 3-2　社群价值定位的三个层面

只有这三个层次的价值定位做好了，社群才能够持续运营下去。

3.3 平台定位：在哪里构建社群？

社群并不等于微信群，微信作为一种高效而便捷的沟通工具，只是恰好比较适合用来构建和运营社群罢了。微信只是可以构建社群的平台之一，QQ群、论坛、微信群、微博群、YY群、MOOC学院等都是社群平台，我们可以根据自己的社群定位和玩法来选择适合的平台。在本节中，我将和大家分享一些选择社群平台的诀窍。

我们在选择社群平台时，可以从两个角度出发，如图3-3所示。

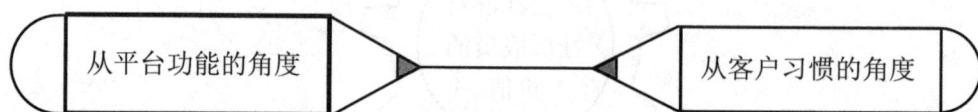

图 3-3　选择社群平台的两个角度

◇从平台功能的角度

现在市面上比较主流的社群平台是QQ和微信，在社群人数不多的情况下，两者都很好用，但当社群人数较多的时候，QQ群的优势就会比较明显。因为，微信群的人数上限是500，而QQ群的人数上限则是2000，而且QQ群的功能更全面，群公告、群文件、群活动、群相册、禁言等功能更有利于社群的管理和维护。

不过，微信群的优势是谁也无法取代的，它覆盖广、用户使用频率高，还拥有朋友圈、微信公众平台等热门社交媒体，还可以接入小程序，而且市面上也有很多基于微信群的社群运营工具，可以辅助运营者管理微信群。而我的团队也用了七年多的时间与腾讯合作开发了大流量企业社群——千城万群联盟，这个大流量社群可以把十几万人拉进一个微信群，彻底解决微信群人数限制的问题。

如果我们要建立的社群是收费社群，那么就要选择支付功能比较方便的平台，微信群、支付宝群都是不错的选择。支付宝群的功能基本能够满足社群日常管理的需要，但是支付宝没能培养出用户的社交习惯，因此支付宝群活跃度不高。而且，为了防止非法集资和诈骗行为，支付宝已经停止了大额经费群功能，只能组建小额活动群，并和其微信群一样，对转账金额做了限制。

◇从客户习惯的角度

我有几个问题想问大家：

如果你要卖一款产品，目标客户是"95后"和"00后"，你会选择哪个平台呢？

如果你要做一个活动，目标人群是"95后"和"00后"，你会选择哪个平台呢？

如果你要建一个社群，目标人群是"95后"和"00后"，你会选择哪个平台呢？

如果你的答案是微信，那就说明你还不了解如今"95后"和"00后"的网络社交习惯。对很多"95后"和"00后"来说，QQ才是使用频率最高的社交软件。很多大学生都会选择QQ，如果我们的目标客户是他们，或者要建立一大学生为主要人群的社群，那么就要把QQ作为社群的平台。

举这个例子不是为了说明QQ群的优越，而是要提醒大家在选择平台时，一定要考虑用户的使用习惯。想象一下，如果你的目标人群是中老年人，但你却在微博上、YY上建群、在豆瓣上建立小组，最后的结果肯定是找不到人。因为很多中老年人都只使用微信这一种社交工具。

平台定位是社群定位的关键一环，选对了平台，我们的社群就有了一个好的起点。我们在选择平台时，要考虑平台的功能，还要考虑目标客户的使用习惯。

3.4 人群定位：社群里应该有哪些人？

一个优秀的社群中，应该有以下几类人：创立者、管理者、参与者、开拓者、分化者、合作者和付费者。那么，这七类人分别对社群起到什么作用呢？（见图3-4）

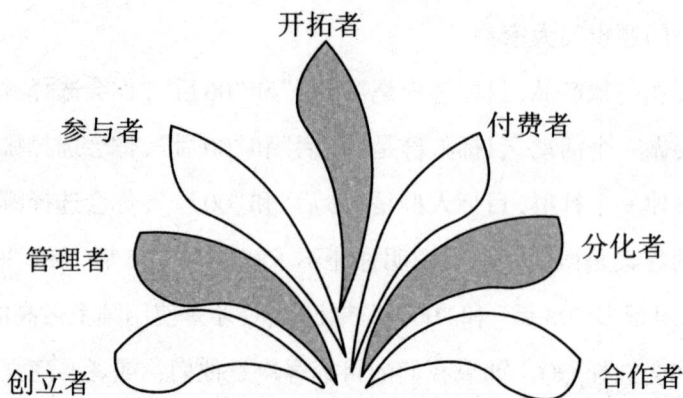

图 3-4 社群中的七种人

◇创立者

社群创立者通常具有很强的人格魅力，而且在某个领域中有比较突出的表现，在人群中比较有号召力，只有具备这种特质，创立者才能吸引他人加入社群。而且，社群的创立者还要有一定的眼光，能对社群的未来有长远的规划和考虑。

　　创立者除了要有影响力和号召力，还要有感染他人、连接他人的能力。比如，我有一位女性学员，她是一个温文尔雅的人，不喜欢争强好胜，也不爱表现自己，看起来似乎是一个不起眼的人。但是建立的社群却很成功，成员们很有凝聚力，群里的成员都很喜欢她，群里的气氛也是其乐融融。

　　毫无疑问，我的这位女学员是一位合格的群主，因为她非常善于连接别人、发现别人的优点，而且也能发自内心地欣赏他人，认真听取他人的意见。虽然，这位学员的性格并不外向，也没有刻意塑造威严的形象，但她却用自己的谦虚和感染力赢得了尊重。

　　◇**管理者**

　　社群管理者是管理和运营社群的主要角色，他必须要有强大的自我管理能力，还要以身作者，遵守群规则。管理者在管理社群时要做到赏罚分明、决策果断，要能够约束群成员的能力，社群管理者还要熟练运用各种社群管理工具，熟悉社群平台的各种规则。

　　社群管理虽然在线上进行，但并不轻松，所以社群的管理者要尽快挖掘和培养核心管理团队，并建立一个核心管理社群。建立核心管理社群的好处有两个，一个是可以分担社群管理工作，共同解决困难，二是可以尽快扩大社群的规模，因为其他的管理者也可以发展社群。

　　比如，PP琪社群的人数超过了5万人，管理团队的人数自然也不少，所以，PP琪社群的管理者被分为了以下几种类型：

　　试用管理员：主要负责初级的群管理，包括规范群昵称、统计每日早间问候数据等。

　　管理员：试用管理员考核期满后就可以升为管理员了，管理员主要负责引导群里的内容分享。

　　组长：PP琪社群的每个组长负责一个大群，手下有4个管理员，主要负责提升社群的活跃度以及交流质量。

副总管理员：每个副总管理员负责4个大群，手下有4位组长，主要负责辅助总管理员，统计和汇总整个社群每天的数据。

总管理员：负责整个社群的运营和管理，以及社群管理结构的搭建，并为社群注入文化基因。除此以外，总管理员还要负责制定每一个阶段的社群活动，管理整个社群输出的内容（见图3-5）。

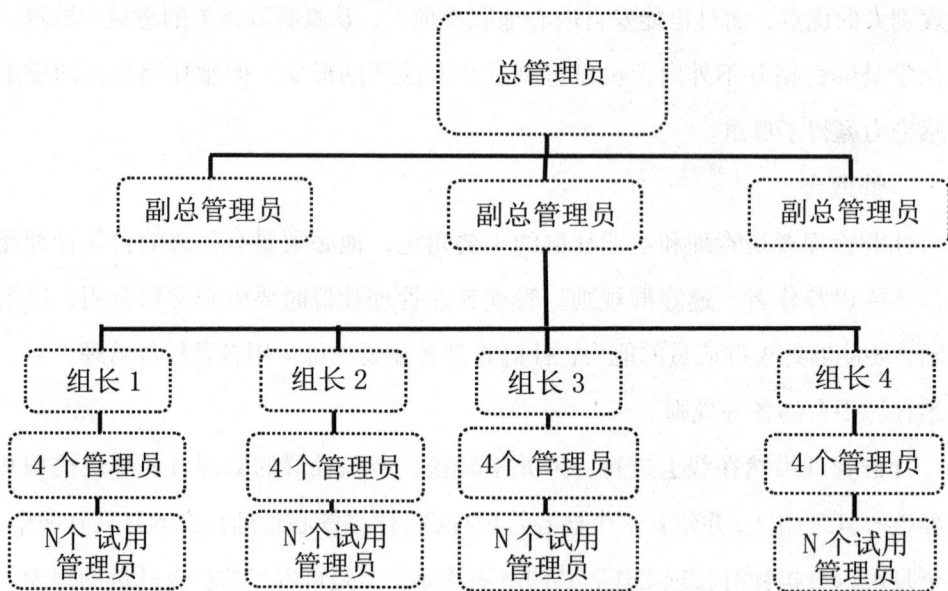

图 3-5　PP琪社群的核心管理层

◇**参与者 & 付费者**

1. 参与者

参与者就是参与社群活动和讨论的人，参与者应该尽量多元化，可以有行业大咖、幽默段子手或者活跃气氛者，这些人能够提升社群的活跃度和凝聚力。社群属于什么类型、涉及什么领域，我们就要吸收相应领域的参与者，在前文的目标定位中我们已经提到过这个问题。

2. 付费者

社群的运营和维护是需要成本的，包括时间精力成本和金钱成本，所以，社群需要付费者。付费者可以是付费入群的群成员，也可以是购买产品的客户，还可以是赞助者。付费者和参与者是社群中的大多数，也是社群发展的基础。

◇开拓者 & 分化者 & 合作者

1. 开拓者

开拓者是社群中的连接者和扩散者，他们往往懂连接、会谈判、善交流。开拓者的职责是分为两方面，一方面是挖掘和整合社群中的各种资源，确保这些资源利用到位，让社群发挥出最大的潜力。另一方面是在其他网络平台中宣传和推广社群，并为社群对接各种商务合作。社群中的开拓者可以是一个人，也可以是一个团队，一般来说开拓者角色会从管理团队中产生。

2. 分化者

分化者是社群的超级种子用户，是未来大规模社群复制的基础。如果把社群比作一棵大树，那么分化者就是大树的种子，他们参与过社群的建设、深刻地理解社群文化，可以像种子一样"复制"出另一个社群。

3. 合作者

合作者是认同社群文化，并且掌握与社群相匹配资源的人。俗话说"独木难支"，在社群的发展过程中，我们需要与其他社区、其他平台合作。所以当社群发展到一定阶段时，我们要积极寻找合作者，让社群继续发展壮大。

以上就是社群中的七个角色，这七个角色每一个都非常重要，我们在运营社群的前期要注意自己的社群中是否具备这些角色。

3.5 周期定位：社群计划运营多久？

一个社群想要运营下去就要形成良好的盈利模式，还要有合理的运营周期，只有运营周期足够长，才能为社群运营者和社群成员提供长期的价值和回报。

通常，产品类社群的生存时间会比较长，因为产品社群的需求是一直存在的，所以社群的生存周期可以很长。而很多纯兴趣类的社团如果后期不转型的话，生存时间都不会太长。

举个例子，假如你要运营一个关于简历的社群，那么这个社群的运营周期是多久？

建立社群的第一要素是共同兴趣，那么谁会有制作简历的爱好呢？大家顺利入职后还会留在制作简历的社群里吗？每周的简历制作技巧和面试技巧分享还有人愿意参加吗？这个社群的沉寂和解散几乎是必然的。

因短暂的需求而建立的社群，也必定会有短暂的生命。如果我们能找到一个持续性的需求，那么社群的生命周期就会相应地延长。比如，某办公技能学习社群主要分享求职、面试、基本办公技能、理财等内容，这些内容可以满足入职 3～5 年内的需求，所以这个社群的生命周期就不会很短。因为它挖掘出了一个人 3～5 年内的职场成长需求。由此可见，社群的生命周期长短和需求的定位息息相关。

◇生命周期评估法

大部分熟悉互联网的人或多或少都加入过社群，刚进群时一切都很新鲜，大家都想和群里的伙伴好好相处、彼此帮助。可是，时间一长群里就出现了灌水、广告刷屏、抱团等现象，甚至群友之间会一言不合就恶语相向，甚至直接退群。很多社群的"生命"轨迹都是如此，不可避免地在一地鸡毛中走向终结。

有的群不会发生争执，但是会在沉默中"灭亡"，当社群人数开始增加时，群里变得热闹无比，每天打卡和分享的人都很积极，但是随着人数变多，社群开始变得散漫，不出半年就没有人发言了，社群在一片沉默中"死"掉了。任何事物、任何社群都有自己的生命周期，可是有的社群可以"存活"好几年，而有的社群只能"存活"几周（见图 3-6）。

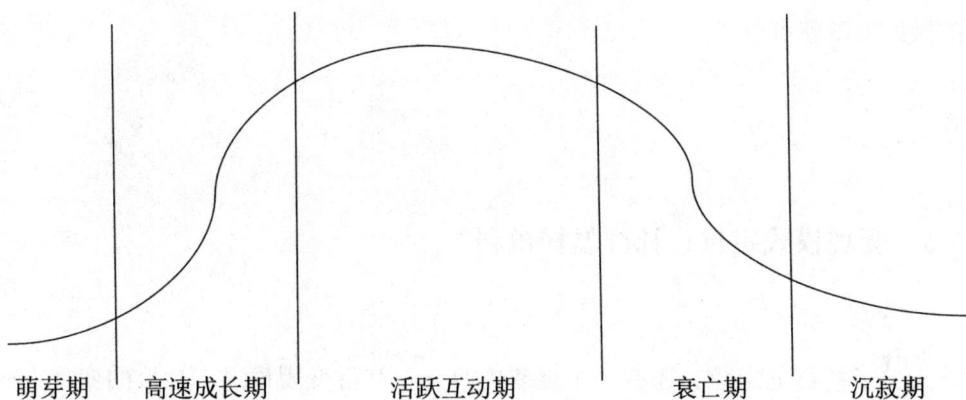

图 3-6　社群生命周期

我希望大家能认识到，即便是运营情况非常好的社群也是有生命周期的，而这个生命周期一般在 2 年左右，这是为什么呢？原因有以下两点：

第一，社群如果是自发组织起来的，群主或管理人员很难坚持到 2 年以上，如果社群是出于商业运营目的组建的，2 年以后，社群能带给群成员的价值会逐渐减少。除非我们能将社群复制和裂变，否则很难撑过 2 年。

第二，一般而言，商业运营社群在 2 年以内就可以完成商业价值的转换，如果不能，社群的存活时间会更短。除非我们的产品能够升级换代，社群能够及时裂变，否则即使有死忠粉也很难坚持下去。所以，我们要尽量在 2 年之内实现商业变现，并裂变出新的社群。

如果能长期运营一个社群，无疑是一件很有成就感的事，我们也希望社群能够成功地运营下去，但是我们必须要知道，社群有自己的生命周期，它带给我们的回报也会逐渐减少，如果持续运营下去是得不偿失的。所以我们在构建社群之初就要规划社群的生命周期，并计划好社群何时变现、何时转型、何时裂变，产品何时更新迭代。

该来的总会来，我们不需要强行延长社群的运营实践，只需要在它结束之前做好准备就可以了。

3.6　变现模式定位：社群怎样盈利？

关于社群的定位，还有一个重要内容——社群变现模式。社群的变现方向有两种，第一种是对内变现，包括产品式、会员式、电商式、服务式和众筹式，这些变现方式主要从社群内部盈利，而盈利的多少则和社群规模有关，社群规模越大，获得的盈利可能就越高。

第二种变现方向是对外变现，主要包括流量式、智库式、跨界式、抱团式等，这些变现模式的盈利对象并不是社群内的成员，而是靠社群成员共同创造价值来换取回报。对外变现的盈利多少取决于社群的输出质量，输出质量越高，盈利也就越多。

当然，我们也可以采用内外结合的方式来变现，但是运营的难度会大大增加。下面，我会简单为大家介绍一下对内和对外的几种变现模式。详见图 3-7。

◇对内变现

1. 产品式

这种变现模式的前提是有产品，而且社群出于销售产品的目的而建立，最典型的例子就是秋叶 PPT 社群，是先有了课程和学员以后才组成的学员社群。

2. 会员式

付费社群的变现模式基本都是会员式的，会员可以是进群的门槛，也可以是变现渠道。运营得比较好的社群大多都采用会员式的变现模式。值得一提的是，兴趣型社群的主流变现模式也是会员式。

3. 电商式

罗辑思维社群的变现模式就是电商式，它不仅卖书、卖货，还卖课程，罗振宇也把他的社群变成了知识电商。这种变现模式成败的关键是产品的口碑和复购率，如果产品口碑不好，那么社群运营得再好也是无用功。

4. 服务式

服务式变现模式一般多被品牌型社群所采用，主要目的不是短期内直接带动销售，而是树立品牌形象，增强粉丝的黏性。如果企业能打造好自己的品牌社群，在市场上就已经具备了核心竞争力。

服务好群成员不一定有直接的回报，但是这个过程可以增加品牌与客户的"接触点"，延长品牌与客户的连接时间。只要品牌和客户之间的互动增加了，那么成交的概率自然会增加。

5. 众筹式

众筹式变现就是通过社群发起众筹，社群可以聚集精准目标人群，所以很适合一些小众产品发起众筹。

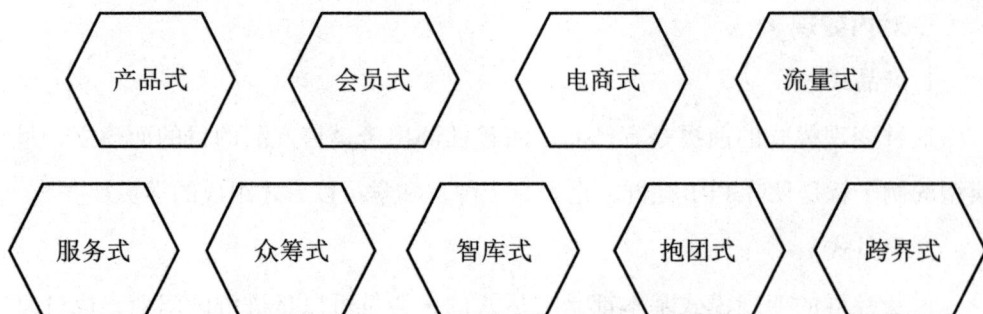

图 3-7 常见的社群变现模式

◇对外变现模式

1. 流量式

流量式变现也可以叫做广告式变现，社群对于很多商家来说就是目标客户的聚集地，很适合用来打广告。对于广告主来说，在社群中投放广告的成本低、效果好，远比在报纸、电视、广告牌上投放广告要划算。

2. 智库式

互联网文案专家李叫兽的社群采用的变现模式就是智库式，利用大家的集体智慧给商家提供营销咨询服务。由于社群成员中有很多行业专家，所以咨询质量很高，来咨询的客户都很满意。如果社群成员产出的内容获得了客户的认可，社群会给该成员一定的报酬或奖励。

3. 抱团式

很多人有很好的技术，但却没有渠道获得订单，不能靠自己的技能赚钱。于是他们组成了社群，像经纪公司一样抱团挣钱。他们可以互相介绍客源，或者接到大订单后共同完成，这样既高效，又能积累口碑。

4. 跨界式

跨界式变现就是不同类型的社群跨界合作、相互导流并产生经济回报，实现共同盈利。

　　随着时代的发展，商务群内变现的方式越来越多，但无论社群变现的形式怎么变，它的内核都是不变的，那就是利用影响力、社交和人脉赚钱，只要抓住了这一点，我们就能很快找到自己的社群变现模式。

第 4 章　社群没能引爆，也许只是缺个场景

> 在移动互联网时代来临之前，我们争夺的是流量和入口；在移动互联网时代来临之后，我们争夺的是场景，这是因为移动互联网时代的信息和生活都更加碎片化，人们的消费行为被定格到一个个的场景中，找到了场景就找到了生意。社群的引爆同样需要场景来加持，衣、食、住、行、工作、学习、社交等场景都可以成为社群营销的切入点，只要我们学会挖掘和筛选，就能找到社群的最佳场景。

4.1　如何挖掘产品的使用场景？

处于亚热带季风气候的香港，总是阴雨绵绵，走在街头的行人们难免心情低落。这时，被雨水冲刷的地面却突然出现了一句话"It's sunny in the philippines.（菲律宾正艳阳高照）"除此之外，还有一个大大的二维码。这个突如其来的小惊喜叫作"雨代码"，用防水漆喷在路面上，晴天看不见，只有下雨时才会显形。

"雨代码"是菲律宾宿务航空的经典营销案例，在这个营销活动中，宿务航空把场景运用到了极致，试问，面对阴雨绵绵的天气和繁忙得令人喘不过气的生活，谁不想去阳光灿烂的海岛旅行一次呢？

阴雨天气可以激发人们去海岛旅行的需求，香喷喷的食物可以唤起人们吃饭的需求，货品琳琅满目的超市能激发人们购物的需求……人们的某些需求，可以在特定的场景下被激发，只要我们能学会关注场景、运用场景，就能抓住机会。

◇用嘴巴介绍产品，不如让客户到场景中体验产品

有一些企业和创业团队喜欢利用社群去推广他们的产品，这个思路是没有问题的，但是有些企业在推广时过于简单粗暴，反而起到了反效果。这些企业是怎么做的呢？他们会建立一个社群或者找一个大社群，然后在群里发上一大段图文内容，再附上一个二维码。而且，他们会在几百个群里发这样的信息，一波信息发下来，这些企业营销人员会觉得自己做了一个规模很大的市场推广活动，成千上万的用户会看到产品信息、会被产品吸引，销量也会提升一个档次。

可是，最后的结果真的能达到他们期望的效果吗？答案当然是否定的。这种做法的结果只有两种，一是引起社群成员的反感，纷纷退群；二是让社群彻底沦为广告聚集地。这种简单粗暴的推广方法根本无法引起目标客户的兴趣，因为这其中缺少了场景，目标客户也没有处于可以使用产品的场景中。

举个例子，一个书法爱好者社群中，大家正在讨论书法展的话题，而你却突然在里面发了一个二手车买卖APP的广告，社群成员们会怎么去看呢？他们讨论的是书法和书法展，这个场景和二手车一点关系也没有，他们怎么可能去点开链接、阅读广告信息呢？

有时候，用嘴巴介绍产品或者疯狂推送广告，都不如让客户在场景中去感受。场景能在某种程度上指引客户的行为，同层级的场景也会带来不同级别的流量，如果我们能为产品找到对应的场景，就能引爆流量、引爆社群。

◇从客户的角度挖掘产品使用场景

随着移动互联网技术的发展，场景不再是简单的时间和空间，它还承载了产品的定位和差异化特征，而且场景还可以表达客户的个性，传达客户的愿景。所以，我们在挖掘产品的使用场景时，不应该只考虑基础的使用场景，还要从客户的角度去寻找产品的使用场景。

什么是"从客户的角度寻找产品的使用场景"呢？就是针对客户的需求去挖掘产品的使用场景。比如，良品铺子在开发某款坚果产品时，就针对客户需求将消费场景分成四类：

第一类：过年过节送礼或自己囤货的场景；

第二类：给身体补充一定营养的场景；

第三类：解饿的场景；

第四类：吃零食来打发时间的场景。

那么，类似的场景应该如何挖掘呢？或者说，什么样的场景才符合客户的需求呢？下面有三点建议供大家参考：

1. 场景要满足客户自我表达的诉求

不知道大家有没有注意到，小红书或微博上的红人们在带货时，都会把产品和使用场景一同展示。比如，某位网红在推荐墨镜产品时，会发布自己在海滩上戴着墨镜晒太阳的图片，而阳光、沙滩和海景组合成的梦幻场景，会让人感到欲罢不能，市场上的目标客户也会被这样的场景瞬间激活。

为什么客户会被这样的场景打动呢？因为产品的使用场景代表了客户心中的完美生活，也许他们并不是真的需要这件产品，而是在卖家精心设计的使用场景下，感到只要自己用上了这些产品，就能过上了场景中所展现的生活。

大多数人的日常生活都是平静无波的，每个人都在尝试着挖掘其中的惊喜和美好，并努力热爱生活。而且，大部分人都会对自己的生活抱有期待和幻想，也需要更多的场景来满足自己的需求，哪怕这需求看起来就像空中楼阁。

很多企业都抓住了人们对美好生活的期待，并以此为基础构建出许多产品的使用场景。人们会被这些场景和场景中蕴含的情感所打动。场景可以反映出客户对美好生活的向往，以及对某种生活方式的认同。

因此，我们要研究目标客户，从他们的价值观、喜好和文化偏好、生活方式入手去挖掘产品的使用场景。

2. 场景要具备可达性，并为客户提供追求美好生活的方法

不知道大家有没有发现一个很有趣的现象，当人们意识到别人强于自己时，有时会产生嫉妒心理，但有时又会产生崇拜的心理，这是为什么呢？原因很简单，如果对方在家境、学识、天资和勤奋程度上都远远超过自己，人们就会觉得对方比自己强是理所当然的，并不会产生嫉妒。而当对方与自己能力差不多、天资和努力程度也差不多时，人们就会觉得不平衡，进而产生嫉妒心理。

这种现象放在营销上也同样说得通，过去，很多品牌花重金请一线明星代言，但却收效甚微。因为明星离普通消费者的生活实在太远了，而且广告中所展现出来的场景也与真实的生活相去甚远。

想象一下，当一位巨星在社交媒体上发布了自己戴着墨镜在海滩晒太阳的照片，虽然人们会对照片中的情景感到羡慕，但却不会认为这一切和自己有关，他们会想："这可是大明星啊，有专业健身教练和营养师，难怪身材这么好，真羡慕！"

上述的场景是属于大明星的场景，和普通消费者并没有很大的关系，他们也不会产生购买同款墨镜的冲动。但是，如果是一个比较"接地气"的网红发布了同样的照片，并向大家推荐同款墨镜，效果将会大不一样。消费者会觉得自己也有可能过上这样的生活，这是属于自己的场景，而且，购买了同款墨镜就离自己理想的生活更近了一步。

当场景与消费者距离过大时，只能激发出羡慕情绪，而非购买的冲动，因此，场景的可达性是非常重要的。好的场景不仅要贴近客户的生活，还要为他们提

供追求更美好生活的方法。

3.场景要提供价值，培养客户对价值的敏感度

卖书，这个简简单单的销售行为，在不同的场景下就会有不同的结果。在京东、当当、亚马逊等电商平台上买书的顾客目的明确、直奔主题，他们早已经选定要买什么，只关心价格，所以哪家便宜、哪家物流快就买哪家。这些客户都是价格敏感型客户。

而在罗辑思维社群中买书的客户就不同了，他们更注重价值和感觉。最初，这些客户每天都会听罗振宇讲历史、讲故事、讲书评，这对客户来说是一个不断学习的场景。而罗振宇的故事和书评也唤起了一部分客户的知识焦虑，让他们产生购买书籍、提升自己的冲动。此时，客户买书时注重的是书带给自己的价值和收获，而不是价格。这些客户都是价值敏感型客户。

在价格敏感型客户和价值敏感型客户两者中，哪一个对企业和商家来说更有价值？答案是不言而喻的，当然是后者，因为这样的客户有较强的黏性，而且产生复购的概率也更大，只要企业能持续提供价值，就不会失去这批客户。

因此，我们在挖掘产品的使用场景时，要关注价值、为客户提供价值。罗辑思维最大的成功之处在于，它为客户提供了一个叫作"提升自己我价值"的场景，无论是付费内容，还是书籍等产品都适用于这个场景。客户在罗辑思维买书或买课的最终目的都是提升自己，他们从罗辑思维构建的场景中，找到了满足价值需求的方法。

如今，购物的渠道越来越多，产品的品类也越来越丰富，因此市场对价格的敏感度非常高，如果我们不能满足客户的价值需求，他们就会转而去关注产品价格。所以，我们要通过场景的挖掘和塑造去持续为客户提供价值，培养他们的价值敏感度。

以上是我对产品场景挖掘的思考，消费者的基本需求已经被满足，我们要从客户心理、消费心理等更深层次的角度去挖掘产品的使用场景，只有这样才

能让场景更加丰富，也更能吸引消费者。场景，是一个旧名词，但应该被赋予新的意义。

4.2 如何在场景中洞察客户的需求?

在本节开始之前，我想请大家先思考一个问题：有人设计了一款太阳能手电筒，并且只用太阳能充电，也不用电池，你觉得这个产品合理吗？你会买吗？

乍一看，这个产品非常实用而且环保，利用太阳能充电，安全无污染，还省去了充电的麻烦，如果仅从安全性能和环保性能方面来考虑，这款产品简直就是完美。但是，这款产品实际销售情况一定不会十分理想。

事实上，这个结果是可以预料的，因为设计这款产品和售卖这款产品的人都没有考虑到用户的使用场景。对于一般用户来说，手电筒主要用于夜晚照明，如果忘了充电，或者电用完了，这个手电筒就完全失去了作用，因为它连替代的充电方法都没有。在日常生活的场景中，客户的主要诉求是：方便！可这样的手电筒一点也不方便。

如果把使用场景换成户外探险，这个手电筒可能就不会显得那么"鸡肋"，因为在没有电源和电池的情况下，太阳能手电筒也能够长时间使用，可以满足客户在野外的照明需求。户外爱好者们或许会为自己准备一个。

看，只是换了一个场景，用户的需求就发生了变化，产品也从"无用"变得"有用"了。

产品是绝对无法脱离场景的，因为客户的需求必须从场景中挖掘，而且任何脱离了场景的需求都是伪需求。用一句业内流行的话来说，就是："需求是从场景中来，到场景中去。"这句话的意思是：从场景中挖掘出客户需求，依据需求开发了产品，而产品可以在一个或多个场景中使用，满足客户的需求。

那么，不从客户使用场景中挖掘需求会导致什么后果呢？结果是：某产品是设计给目标群体 A 使用的，但只能在场景 B 中使用，而目标用户 A 和场景 B 却是互斥的。造成这种结果的原因是产品设计者在挖掘需求时，没有结合实际的用户场景，导致产品使用场景与目标用户的需求不能匹配。

这么说可能不太好理解，举个例子：某企业推出了一款收纳产品，可以改善小户型房子的居住环境，用了这款产品，可以让一间 80 平方米的房子多出 20 平方米的空间。可这款产品的定价却非常昂贵，目标用户是比较富裕的阶层。于是，目标用户和使用场景就产生了矛盾，因为富人住的房子通常比较大，对"收纳"和"节省空间"的需求并不大。

说了这么多，其实都是在阐明一个观点：任何需求都不能脱离场景单独存在，而且随着场景的变化，需求也会随之变化。如果一个需求，找不到与之匹配的场景，那么这个需求就是不成立的。所以，我们要在场景中挖掘客户的需求。

互联网和各种移动终端的发展，让人们的消费场景变得更为丰富，从出行、工作、娱乐等大场景到等电梯、坐地铁、蹲马桶等小场景，都可以挖掘出不同的需求。无论在哪个场景中，我们都可以从时间、空间、客户、行为这四个角度挖掘需求（见图 4-1），去思考客户在什么时间、什么地点、什么情形下会使用产品。

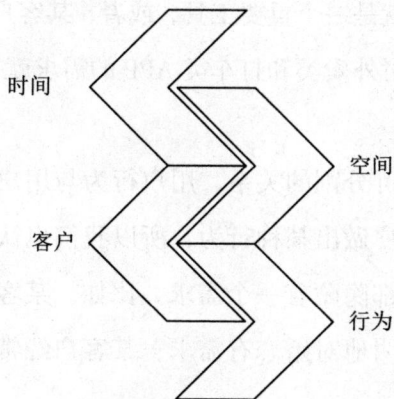

时间

空间

客户

行为

图 4-1　挖掘客户需求的四个角度

◇ **了解客户的背景**

时间、空间、客户、行为这四个要素可以构成一个完整的产品使用场景，比如，周六下午四点是时间，上海市南京西路星巴克是一个明确的地点，喝咖啡是行为、聊天也是行为，三位年轻女士则是具体的客户群体。

这四个要素中，客户是最关键的，因为场景和客户是分不开的。所以，我们要先了解客户的背景。了解目标客户的方法有很多，比如客户画像、问卷调查、数据分析等。我们要通过这些途径了解目标客户的基本信息，如年龄、性别、地域、教育背景等，以及客户的消费偏好，比如喜欢什么样的产品、喜欢用什么方式购买产品、对产品有什么要求等。

◇ **分析场景的时间与频次**

人的一天只有24个小时，占用时间越长的用户场景越有价值，比如工作时间、娱乐时间等，比如一个人每天花4小时玩游戏，那么他对游戏的需求一定很大，所有的游戏公司都想占领这4个小时。如果一个产品能长时间地占领用户的时间，那么这个产品无疑是成功的，相关数据显示，每天约有7.7亿用户登录微信，大概使用90分钟，微信牢牢占据了用户的一部分社交时间，是一个非常成功的产品。

不过，在移动互联网时代，使用频次逐渐取代了使用时长，使用频次是指某个用户场景或客户行为出现的频率，比如，某用户每天要使用几十次搜索引擎，那么搜索引擎对他来说就是一个重要工具，或者，某客户一周内要吃四天外卖，坐五次出租车，那么他对外卖类和打车类 APP 的需求就很大。

◇ **洞察用户的行为**

行为和需求有着不可分割的关系，用户行为与用户需求有着不可分割的关系。因为需求会驱使用户做出某种行为，所以我们也认为行为可以反映客户的需求。每个行为的背后都隐藏着一个需求，比如，某客户经常浏览世纪佳缘、真爱、百合等网站，说明他对婚恋有需求；某客户经常找房屋中介，说明他有租房或买卖房屋的需求。

客户的行为不仅包括他们干了什么，也包括客户做事的方式和路径，我们可以利用数据模型来分析客户的行为，并挖掘出与之对应的需求。

◇从空间洞察需求的变化

空间是场景中的关键要素，企业会根据客户所处的空间为他们提供不同的服务。比如，携程会基于客户的所在城市为他们提供个性化的信息和服务。因为，处于不同城市的人们对于出行和住宿有着不同的需求，而携程则很好地满足了他们，为不同城市的人们提供了不同的住宿、机票、火车票、景点等信息，并为他们提供各种预订服务。

当用户出现在不同的空间，他们的需求也有可能发生变化，美妆品牌玛丽黛佳就通过空间的变化，挖掘到了客户需求的变化。

大多书消费者都会选择在专柜或者各大电商平台上购买口红，可是，当你在见客户路上或者是赶赴约会的路上，发现自己口红没带，你会去哪买呢？我们可以在路上随处买到水、买到食品，但却很难随处买到口红。当空间变成了"路上"，消费者就产生了新需求，于是，玛丽黛佳"色彩贩卖机"就应运而生了。

2018 年 7 月，在天猫美妆节期间，玛丽黛佳联合天猫打造的无人色彩贩卖机首次亮相杭州西湖银泰城，一只口红 9.9，3 天时间共卖出 1600 支口红，一台机器单天售出的口红相当于玛丽黛佳在线下专柜一周的销量。

紧接着，玛丽黛佳把无人色彩贩卖机搬到了各大城市的"路上"。女性消费者只需要站在无人色彩贩卖机的屏幕上选择自己喜欢的色号，通过扫描二维码支付，口红就能在一秒之内拿在手中，方便快捷。

玛丽黛佳无人色彩贩卖机不仅吸引了很多女性消费者，还有很多男性消费者，也会在去见女友的路上，为了给另一半一份惊喜，在无人色彩贩卖机上购买口红。

从玛丽黛佳的案例中，我们可以看出需求与场景是分不开的，我们要从场景中挖掘需求，而场景包含了时间、空间、客户、行为这四个要素，所以我们要从这四个角度出发来挖掘客户的需求。

4.3 如何全方位筛选场景？

很多一流的企业都非常善于打造场景，阿里的"双十一"电商节就已经成为一个深入人心的购物场景，不仅吸引了消费者，也获得了媒体的关注。企业如果能抓住机会，创造属于自己的场景，就能很好地从场景中获益。

Airbnb（爱彼迎）曾经一度面临破产危机，可是它的创始人和运营团队抓住了总统选举这一重要场景，并因此顺利渡过了难关。在总统竞选期间，很多人都来到了纽约投票，但是酒店几乎被住满，很多人都找不到住的地方，于是他们成为Airbnb（爱彼迎）的第一批用户，并把爱彼迎的理念扩散到全国各地。爱彼迎的客户也从曼哈顿的几个街区，慢慢扩散到了整个纽约市，现在，爱彼迎的客户已经遍布全球各地了。

总统大选是一个全美国都关注的事件，也是一个非常好的传播场景，爱彼迎抓住了这个场景，并挖掘了其中的痛点，于是成功获得了第一批忠实客户，也传播了一个全新的住宿理念。

聪明的营销人都十分善于审时度势，在热点事件中找到与企业相关联的部分，从中筛选出适合的营销场景。那么具体应该怎样做呢？筛选场景的途径又有哪些呢？

◇筛选场景的四大途径

如何抓住场景和筛选场景是社群运营者必须要关注的问题，如果抓住了场景，我们就能打赏"顺风车"，让社群营销的效果更好。我们可以从以下几种途径中筛选场景：

1. 从社交媒体的热点中筛选场景

我们可以从近期社交媒体的热点中来筛选合适的营销场景，比如，在 2017 年"丧文化"刚开始流行时，微博上一位搞笑博主发布了一条动态："想在喜茶对面开一家丧茶，主打：一事无成奶绿；碌碌无为奶茶；没钱整容奶昔……"网友们纷纷转发点赞，"丧茶"的点子一时间成为微博热点。

而网易新闻和饿了么抓住了这个热点，将这个想法变成了现实，它们在"五一"小长假期间开了一家丧茶快闪店。这家快闪店颠覆了大家对服务行业的认知，丧气的饮品名称、面无表情的店员和充满颓废气息的吉祥物都紧紧围绕着"丧文化"的主题，给消费者一种十分新鲜的体验。

网易新闻和饿了么从流行文化现象中筛选出了"丧"这个热点，并将它打造成了具体的消费场景，成功挑动了大众的神经，也引爆了流量，这实在是一次精彩的场景营销。

2. 从新闻和社会热点事件中筛选场景

我们还可以从新闻事件中寻找营销场景，因为社会热点往往能够引起人们的焦虑和需求，如果我们能抓住这个场景来做文章，满足客户的需求，安抚他们的焦虑，那么我们的营销势必会取得不错的效果。

比如，有一段时间各大新闻媒体都爆出了酒店偷拍事件，这些新闻引起了大家的恐慌，人们都害怕自己哪天住酒店时也被偷拍。于是，有商家抓住"住酒店"这个场景，推出了安全门档、反偷拍 APP、报警器等安全产品，这些产品都取得了不错的销量，而且有越来越多的消费者开始关注自身的出行安全。这类产品的市场也越来越大。

有时候，一个新闻或热点事件就能激发消费者的某种情绪和需求，如果我们能认真分析这些需求所对应的场景，就能获得无限商机。

3. 从特定群体的场景中寻找

特定的群体会关注特定的场景，比如篮球爱好者会关注身边的球场，如果有一种产品能让他们知道附近的球场使用情况，告诉他们到达球场的路线，那么这个产品在篮球爱好者中间一定会很受欢迎。

我们可以从专业性的论坛中、社群中去寻找特定群体的场景，当然，社交媒体也是一个很好的渠道，我们可以在特定的圈子和话题中找到和自身产品契合的场景。

4. 从未来趋势中寻找场景

在新零售还未兴起时，人们很难想象"线上购买、线下取货"的场景，也不会相信"30分钟送达"能够实现，而这些场景都随着新零售发展而一一实现了，而那些提前预测了趋势的企业则抢占了先机，快人一步地占领了市场。

当趋势已经引爆时，我们会面临许多的竞争对手，这对我们的产品和运营能力都是一个极大的挑战。如果我们能够预测趋势，并提前挖掘场景、布局场景，就可以抢先把握商机。比如，洋河大曲预测到"中国梦"这一话题即将引爆，于是先一步将这个话题与自己的产品结合，创造出了"中国梦、梦之蓝"的经典广告词。

我们要具备敏锐的洞察力，还要透彻地分析自己的产品和目标客户，只有这样才能在众多场景中选出最精准的那一个。

◇塑造场景的基本方法

场景是有魔力的，它能够让信息被更有效地吸收，可以让产品更完美地对接消费者的需求，所以，我们不仅要抓住稍纵即逝的聚会，精准筛选场景，还要把产品和需求植入场景中，去进一步塑造场景。塑造场景可以从以下两个方面入手：

1. 适当改变场景中的元素

如果我们能在洞察消费者的基础上，适当改变日常场景中的一些元素，就可以塑造出崭新的、独特的场景。比如，Nike抓住了年轻消费者热爱运动、喜欢新鲜事物的需求，在普通的运动场景中加入了"夜光投影"元素，开展了一

场 "Football anytime，anywhere" 的活动。

这场活动在西班牙马德里举行，年轻人可以使用 Nike APP 呼叫 "Nike 大巴"，这辆大巴会带来激光投影设备和球门、免费球鞋等设施，并为年轻人投影出一个夜光足球场，让他们尽情地运动和玩耍。

Nike 塑造的全新运动场景不仅体现了创新，更体现了和目标客户之间的连接，因为夜光球场不仅为年轻人提供娱乐和运动的场地，也体现了他们时髦、崇尚个性的态度，Nike 借由灯光球场获得了许多年轻客户的好感和认同。

2. 塑造跨界场景

我们还可以在日常的场景中加入跨界元素，创造有新鲜感的场景，在瞬间抓住人们的眼球。比如，为了让全球变暖的问题引起人们的关注，WWF（世界自然基金会）在巴拉圭首都建起了一个简易餐厅，并以大地的热量来烹饪食物，让人们意识到地面温度不断增高，全球变暖问题的日益严峻。人们可以通过在这个餐厅试吃，并亲自动手烹饪，直接体会到全球变暖这一不易察觉的现象。

餐厅与环保的跨界，让场景立刻变得新鲜而且令人印象深刻，这样一来，信息传播的效率会更高。

场景，是社群营销不可或缺的元素，因为抓住了场景就是抓住了客户需求，抓住了商机。

4.4　情绪是不可忽视的场景维度

开学日对即将进入幼儿园的家长和小朋友来说是一个特别的日子，在这一天里小朋友们将第一次离开家，并进入一个全新的环境。对爸爸妈妈们来说，这个日子也是值得纪念的，在送孩子上学的途中他们既开心又忐忑。

优步和妈妈网抓住了这个场景，举办了"专车送你去上幼儿园，跟拍宝贝第一次上学路上的故事"活动。报名参加活动的网友如果被选中参加活动，就可以获得专车接送上学放学的机会，还有摄影师全程跟拍，帮小朋友记录人生中珍贵的一天。没有被选中的网友也可以获得优步提供的 100 元打车基金。

这个活动获得了很多家长的好评，也让他们体验到了优步的服务。这个活动的核心是场景和情绪，活动运营方抓住了父母第一天送孩子上学的特殊情绪，并为他们留下了美好的回忆，当以后需要打车时，他们都会想起优步。这场活动巧妙地利用情绪把场景和产品紧密结合在一起，消费者再次遇到同样的场景时，就会情不自禁地想到该产品。

优步在第一次上学这个场景中，抓住了客户的情绪，打造了一次走心的活动。从这个例子中，我们可以看出，情绪是不可或缺的场景维度。

美国心理学家普拉切克（Plutchik）把人的基本情绪分为八种，如图 4-2 所示。

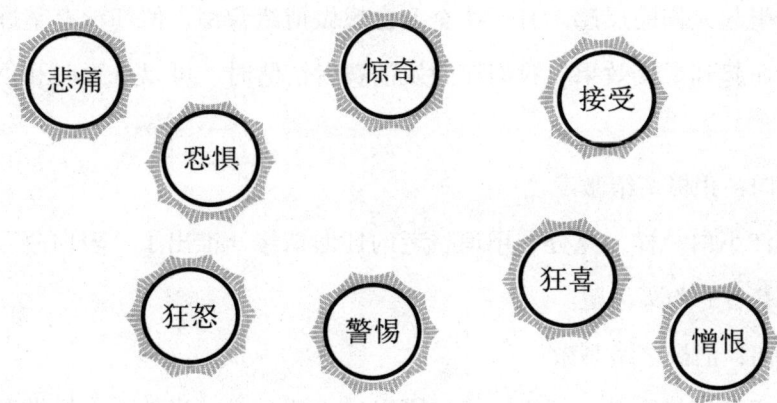

图 4-2　人的基本情绪

这八种情绪可以指导我们驾驭各种场景，用正确的方法与客户沟通。

首先，我们可以找到客户的情绪弱点，比如恐惧、虚荣和自卑等，这是人们普遍存在的情绪弱点，我们每个人都会对未知感到恐惧，也会因为对自己不满意而产生虚荣和自卑的情绪。一旦我们找到了客户的这些情绪弱点，就意味着我们找到了成交客户的突破口。

其次，我们要进一步剖析消费者的情绪，告诉他们应该怎么办，进而引出正题——产品或服务。比如，新肤螨灵霜的广告家喻户晓，它极力地渲染了螨虫问题的严重性，并列举了很多因螨虫而产生的问题，不断地刺激消费者的情绪，让他们对螨虫产生恐惧心理。接着，再介绍消灭螨虫的解决方案——新肤螨灵霜。

在这个广告中，企业利用的是人们的恐惧心理，为了增加可信度并最大限度地挑起消费者情绪，新肤螨灵霜的广告中列举了很多螨虫传染途径，并在各种活动的促销现场一起检测螨虫，让人们看到真正的螨虫，这些措施都利用了消费者的恐惧情绪和对健康的追求，是典型的情绪营销。

不过，新肤螨灵霜的情绪营销做得并不出格，并没有过度渲染和夸张其效果，因此不会引起人们的反感。有一些企业也想做情绪营销，但却没有掌握正确的方法，反而起到了反效果。我们在激发消费者情绪时，可以从正向和负向两方面入手。

1. 正向：积极情绪激发

如同江小白一样，充分利用消费者的怀旧情绪，推出了"表白瓶"系列，激发了消费者的购买欲望。

2. 负向：消极情绪刺激

除了积极情绪之外，消极情绪也可以作为切入点，当然，这样做存在一定的风险，毕竟所有人都渴望积极阳光的生活，因此一定要谨慎，否则会走入尴尬的境地。

不过，消极情绪把控得当，也可以形成良好的负向刺激，最典型的案例就是王老吉，其广告宣传语"怕上火，喝王老吉"，便充分利用了消费者害怕上火的恐惧心理，通过消极负面刺激，促成其下单购买。在新零售时代，商家必须要清楚，消费者只为能够打动自己的商品买单。

◇形成生理唤醒

刺激消费者情绪之后，想要真正实现决策，还必须对其进行生理唤醒。

从情绪转化为行动力，还要经过"生理唤醒"的一环。乔纳·伯杰在《疯传》中提道：

"唤醒是被激活并准备随时待命的状态，此时，你的心脏跳动加速，血流加快"，"任何事情，只要能激活我们，形成生理唤醒状态，我们的行为就会被触动"。

"生理唤醒"对于营销来说是极其重要的，只有对消费者进行生理唤醒，才能真正激活其情绪，促进决策的实施。

当然，不同的情绪唤醒的方式也会不同，《疯传》中指出，如敬畏、消遣、兴奋(幽默)等积极的情绪和生气、担忧等消极的情绪需要采用高唤醒，而相对的，积极情绪中的满足和消极情绪中的悲伤则需要低唤醒（见表 4-1）。

表 4-1　不同的情绪唤醒方式

	高唤醒	低唤醒
积极	敬畏、消遣、兴奋（幽默）	满足
消极	生气、担忧	悲伤

比如：杜蕾斯经典的父亲节内容营销，只用了平平常常的"父亲节快乐"，用了一个现实生活中可能会发生的场景，对于那些还没有准备好当父亲的年轻消费者，利用他们不想一不小心就成为"父亲"这一身份的恐惧情绪，从而引起需要避孕人群的共鸣。这就是高唤醒。

◇设置场景解决方案

当消费者在生理唤醒之后便会进入情绪打开的状态，此时商家必须及时设定场景解决方案，引导消费者决策的实施。

举例来说，2018 年 7 月，时尚博主黎贝卡通过自我形象和价值观的输出，为 MINI 设定了"追求更美好生活"这一价值意义，有效调动起消费者的购买冲动，接下来黎贝卡及时给出了一个完整的场景解决方案，彻底打开卖货空间，仅仅四分钟的时间就将 100 辆 MINI 全部卖了出去，突破三千万元的销售业绩。

在内容营销过程中，情绪的重要性愈加凸显，它体现出当今时代的消费已从过去的功能性消费升级转化为现在的情感需求消费。此外，在移动互联网的带动下，内容营销的机会也在不断增加，一些互动营销话题很容易通过社交媒体形成病毒式传播。

商家想要真正做好营销，就必须从消费者的真实需求出发，通过精准洞察，调动唤醒他们的情绪，及时给予合适的场景解决方案，加以品牌温度的感染，才能从真正意义上抓住消费者，为其提供良好的体验效果。在产品同质化的时代，谁更能引发消费者的情绪和共鸣，谁就能快人一步。

4.5 位置是场景的灵魂

不知道大家还记不记得曾经风靡一时的手游 Pokemon Go，这款基于 LBS（地理位置服务）和 AR（增强现实）技术的游戏一经推出就引起了轰动，玩家可以在现实世界中探索和捕捉宝可梦精灵。

Pokemon Go 这款游戏最吸引人的属性就是 LBS，所谓 LBS 就是基于位置的服务，游戏中的地图可以根据现实中的地图生成，玩家要走出家门到地图中现实的位置去"捕捉"宝可梦精灵。

LBS 技术不仅仅可以运用于游戏，还可以应用于营销中，在基于地理位置的场景营销方面，星巴克一直是专家，它的运营团队可以通过 Mobile Pour APP 掌握客户的地理位置。如果客户走在路上时想喝咖啡，就可以用 APP 点单，不一会儿，星巴克的送餐人员就会赶到客户身边，为他送来一杯咖啡。星巴克的这一营销手段成为 LBS 的最佳商业应用。

在移动互联网时代，地理位置被越来越多的企业和商家所看重，因为移动设备的普及让人们的移动轨迹和实时地理位置可以被轻易捕捉，而人们随时随地的消费行为，让场景营销和地理位置产生了紧密的关联，如果营销人员抓不住位置这个关键点，就会错失许多和消费者互动的机会。

如今，地理位置信息在营销领域中的应用非常广泛，那么，它只能为企业提供客户的实时地理位置吗？当然不是，地理位置信息对于营销的意义远不止于此。

◇地理位置信息的意义

相关数据显示，客户在购买决策过程的初期最容易受到移动设备的影响，因此，营销人员不得不借助移动设备来创造更多的触点去和目标客户接触。由于地理位置的不同，客户的需求也会产生差异，所以营销人员必须根据目标及客户所在的位置来制定相应的营销策略和广告投放策略。

除了反映消费需求的差异以外，地理位置信息还可以反映客户的思维状态。为什么这么说呢？因为，据调查，在浏览同样的产品信息以后，出门在外的客户比待在家里的客户更容易产生购买冲动，而且会在短时间内做出购买决策。如果营销人员掌握了客户的地理位置，并适时地向客户推送相关产品，那么营销的效果就会更好，销售额也会有所提升。

◇地理位置引爆场景营销

曾经，有一个叫作江南春的年轻人发现，人们在电梯里时总是无所事事，为什么不在这个空间植入广告呢？于是，江南春成立了著名的上市公司分众传媒。这是移动互联网时代以前关于地理位置的传奇创业故事，那时，江南春在等电梯这个场景中发现了商机，并在电梯这个地理位置植入了广告。

可是，今天的人们在电梯里不会再看广告了，他们选择低头看自己的手机，于是地理位置将以另一种方式来吸引消费者的注意力。携程在这方面做了许多尝试，并取得了成功。

携程在运营初期也经历了许多挑战。比如，客户对携程这样一个新平台不信任，各大酒店、机票代理机构、旅行社也对平台抱着怀疑的态度，并没有多少机构愿意加入平台并把自己的信息汇集于此供客户查阅。

由于传统的营销方式没能取得很好的效果，携程决定通过选择地点场景、拦截客户群、引爆市场等手段来引爆市场。当客户到达一个目的地以后，只要打开携程APP就能找到附近的酒店和交通解决方案，还可以获得本地景点、美食等信息，这对于出门在外的客户来说，就是一个完美的解决方案，而且客户在携程上预订酒店或者购买车票、机票的概率也会更高。

从携程的案例中，我们可以看出基于地理位置的场景营销可以获得很高的投资回报率，因为那些出门在外，在机场、火车站的人们往往都有很强烈的住宿、出行、旅游的需求，有针对性地向他们推送信息当然会获得比较好的效果。

通过基于地理位置的场景营销，可以让企业更好地迎合消费者的需求，连接线上与线下，重塑实体场景体验，开创一种新的营销模式。营销人员可以通过消费者的实时地理位置，分析出相关的行为模式和需求，并针对该行为模式或需求来展开实时营销。

总而言之，地理位置是移动互联网时代场景营销的灵魂，企业应该用利用好这个工具。

4.6　社群的加法：构建基于社群需求的场景

社群是建立在人与人的关系之上的，而这些关系又是建立在工作、购物、学习、运动、老乡聚会等场景之上的。构建精准的场景可以强化社群中客户与客户、客户与社群、客户与品牌、客户与产品之间的关系。

某餐饮品牌建立了社群，并通过社群举办了线下讲座，这个线下讲座在多个城市开展，一共涉及 30 多万人。讲座的主题是"味道"，所以，该餐饮品牌的社群也在线上线下极力打造着这个主题场景。随着讲座的顺利开展，社群的规模也在不断扩大。

这个餐饮品牌的活动将场景化营销发挥到了极致，引爆了社群规模，也扩大了品牌的影响力。可是随着时间的流逝，这个品牌的社群逐渐变得沉寂下来，人数也大规模缩水。为什么会出现这种情况呢？

这是因为该餐饮品牌的场景连续性较差，仅举办过几次讲座就不再举行其他活动、营造其他场景了，社群当然无法保持长久的生命力。除非，这个社群能够把"味道"这一主题打造成系列场景，并且要让用户能够长期参与其中。

有时候，单一的场景是无法支撑社群持续发展的，所以我们要不断增加新场景，为社群做加法。

◇用场景为社群做加法

如果企业要想让社群价值持续产生价值，就要构建场景，为社群做加法。换句话说，就是搭建符合社群需求的场景，吸引更多的粉丝，积累更多的客户。

社群不是一成不变的，社群成员的需求也是不断变化和发展的。所以，企业要不断构建符合社群需求的新场景，以优化社群成员的体验。在构建新场景的同时，企业还可以把更多的潜在客户引入社群场景中，顺势扩张社群的规模。

米聊社区是一个非常典型的发烧友社群，在这个社群中，认同小米价值观的社群成员聚集在一起，共同参与到小米手机的设计和研发当中，在这里产品和客户、品牌和客户、社群和客户、客户和客户之间都产生了深度的联系。

而米聊社群的运营人员一直在不断地构建新场景，为社群做加法。他们首先用"发烧友聚会"定义了场景，然后围绕着一个个新产品不断构建场景，比如产品测评、抢购、反馈等，以此将更多小米爱好者引入到场景中，并通过社群运营，进一步优化社群成员的体验，让他们成为品牌的忠实粉丝。

小米之所以成功，是因为社群发挥了巨大作用，而多元化的场景则为社群提供了不竭的发展动力。事实上，社群的发展离不开具体的场景，只有不断构建符合社群需求的新场景，并保持场景的多元化，才能为社群做加法，实现社群的可持续发展。单一的场景是无法支撑社群持续发展的，比如曾经的魔兽世界百度贴吧，在强大的游戏场景支撑下，无论是活跃度还是社群成员人数，都远远高于其他同类型的社群。可是，单一的游戏场景也使得社群不可避免地走向了衰败。

由此可见，单一的场景是无法支撑社群长远发展的，只有给社群做加法，持续构建符合社群需求的新场景，才能持续为社群成员提供新价值，并保持社群的持续活跃。

说了这么多，我们要怎样为社群增加场景呢？在增加场景时又要注意些什么呢？

◇ **为社群增加场景的三大原则**

我们在为社群增加场景时必须遵循以下三大原则（见图4-3）：

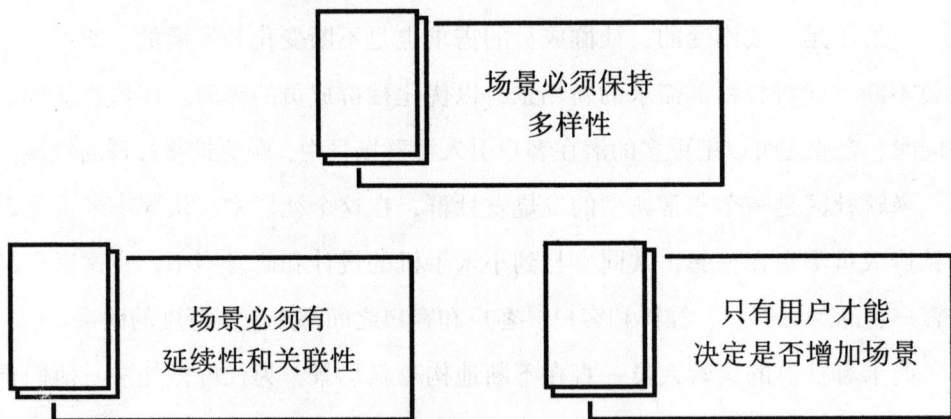

图 4-3　为社群增加场景的三大原则

1. 场景必须保持多样性

社群成员的需求是不断变化的，因此场景也有多样性，如果场景总是一成不变，那么社群成员也会陷入审美疲劳，而且还会出现场景与需求不符的现象。

2. 场景必须有延续性和关联性

当我们为社群做加法，构建新场景时，应该围绕社群的核心产品或核心目标来展开，并在此基础上构建其他相关场景，我们为社群增加的场景必须具有延续性和关联性。比如，创业类社群最初的场景是创业初期共渡难关，接下来增加的场景就应该是拓展人脉、置换资源，最后是融资上市，这样的场景是具有延续性和关联性的，可以循序渐进地满足群成员不同阶段的需求。

如果这个创业群的场景从创业初期一下子跳转到融资上市，那么过大的跳跃性会让社群和用户之间的关系出现裂缝，因为此时社群的价值和客户的需求产生了错位。

3. 只有用户才能决定是否增加场景

尽管很多社群都有完整的组织结构和管理团队，但是几乎所有的社群在运营上都是去中心化的，即使不能完全做到去中心化，运营者和管理者也会充分尊重社群成员的需求。我们在社群中推送产品信息和各种内容，目的是引导客户，而不是强迫他们、命令他们。

是否增加场景、怎样增加场景也应该由社群成员来决定，如果我们在社群中增加了一个场景，比如一次讲座或线下聚会，但社群成员对这个增加的场景不太感冒，甚至出现了负面评价，那么我们就要停下来做调整。

如果，社群成员对某个话题或活动很感兴趣，而且经常在社群内讨论，那么我们就要增加相关场景，以满足社群成员的需求。总之，我们要让社群成员感觉到自己是社群的主人。

增加社群场景的目的是让社群更有凝聚力，让社群成员更活跃，也让社群可以持续地生存和发展。只有解决了社群场景的单一化问题，才能持续为群成员提供价值，增加群成员与社群的黏合度，为提升营销效果、达到营销目的打下基础。

第 5 章　根据场景打造社群 IP，抢占认知高地

> IP 是社群最大的助力，它不仅可以帮助社区抢占认知高
> 地，解决社群的流量问题和产品问题。而且，IP 自带商业价值，
> 具有强大的变现能力，我们应该全方位地优化自己的内容、产
> 品和传播渠道，打造出一个爆款社群 IP。

5.1　IP，既解决了流量，也解决了产品

从某种意义上来说，社群是孵化流行文化和新兴价值观的沃土。而企业则越来越倾向于塑造品牌价值、传播品牌理念并将品牌打造成流行 IP。企业希望品牌能够上升成为一种生活方式和价值观，这一点刚好与社群的功能不谋而合。

在互联网时代以前，企业想要构建社群是一件非常困难的事，自然也不可能借由社群来孵化 IP 和流行文化。当移动互联网时代到来以后，时间、空间、场地的阻隔被打破，人与人之间实现了跨地域、跨时间、跨场景的交流和互动。所以，社群也因此而诞生，并为孵化流行文化和 IP 提供了肥沃的土壤。

比如，日本超高人气动漫《乔乔的奇妙冒险》在中国拥有无数粉丝，这些

粉丝借由微信、QQ、豆瓣小组、百度贴吧、论坛等社交媒体平台聚集在一起，形成了社群。如果，有人能对这些平台上的粉丝社群进行整合，就可以形成一个流行文化社群矩阵。

◇ **IP 既解决了流量，也解决了产品**

在做社群矩阵这一点上，罗辑思维已经成为行业标杆。罗辑思维社群不是简单地开辟一个阵地，然后把粉丝全部聚集到该阵地中，而是合理地利用所有的社交媒体渠道，包括微信公众号、微商城、贴吧、QQ 群等，并将这些渠道整合在一起，形成一个独特的社群矩阵。

曾几何时，听罗辑思维音频几乎是硅谷华人的标配，之所以会这样大面积地流行，就是因为有社群的存在。社群让小众流行有了裂变、扩大，成为大众流行的机会。目前，罗辑思维已经从一个小圈子里流行的文化变成了大 IP。

罗振宇也利用罗辑思维这个 IP 构建起了"IP+ 社群 + 电商"的商业模式。当然，这里的电商是泛指，它卖的不仅仅是商品，还包括服务和精神体验。罗振宇则将他的这种模式称为"知识电商"。从微信公众号到得到 APP，罗辑思维一直都在向粉丝售卖知识，这些知识不仅是图书，还有价值观。

从罗辑思维的例子中，我们可以看出，IP 既吸引了流量，也决定了产品的形态。因为产品必须要与 IP 的调性相符。社群是孵化 IP 的沃土，而 IP 又是社群发展的助力，当社群与 IP 结合时，就会产生巨大的能量。

◇**打造个人 IP 和社群 IP**

在认识到 IP 的强大以后，很多人都产生了打造 IP 的想法。那么，我们应该打造个人 IP，还是应该打造社群 IP 呢？

如果你还拿不定主意，我可以教你一个选择方法，那就是看看自己有没有故事可讲。如果你有自己的故事，就可以打造个人 IP，如果，你有关于产品和社群理念的故事，就可以打造社群 IP。

我们大家都知道，钻石之所以昂贵，不仅仅是因为它美丽而稀有，还因为它背后的美丽故事。这个故事把爱情和钻石紧紧联系了起来，把钻石塑造成了永恒爱情的象征。

不管是打造个人 IP，还是打造社群 IP，只要你擅长讲故事，就能成功地塑造 IP，为 IP 赋予价值。不过打造个人 IP 和社群 IP 都要注意以下几个要点：

1. 根据市场需求挖掘产品特征

首先，我们要从市场需求入手，认真研究产品，提炼出产品所代表的价值观和生活理念，形成社群 IP 的雏形。

2. 将故事和个人经历融入 IP

我们要在社群 IP 中融入自己的故事或者个人经历，并通过各种渠道进行传播。如果我们要着重打造个人 IP 就可以直接在各大社交媒体渠道建立个人账号，并发布内容。

3. 积累流量池

接下来，我们要开始积累流量池，这里的流量池可以理解为社群。当我们建立社群以后，就要开始借助社群传播口碑和影响力了。我们要尽可能多地发展忠实粉丝。当然，最重要的一点是，我们要为粉丝即社群成员打造出有价值的服务或产品，让社群持续创造价值。打造 IP 的核心重点就是讲故事，并通过传播故事传播 IP。

说到这里，很多人一定会问，什么样的 IP 才是有价值的 IP？我们打造 IP 应该参照什么标准呢？

◇有价值 IP 的五大特征

那么什么样的 IP 才具有商业价值呢？在我看来，具有下面这五大特征的 IP 才是有价值的 IP（见图 5-1）。

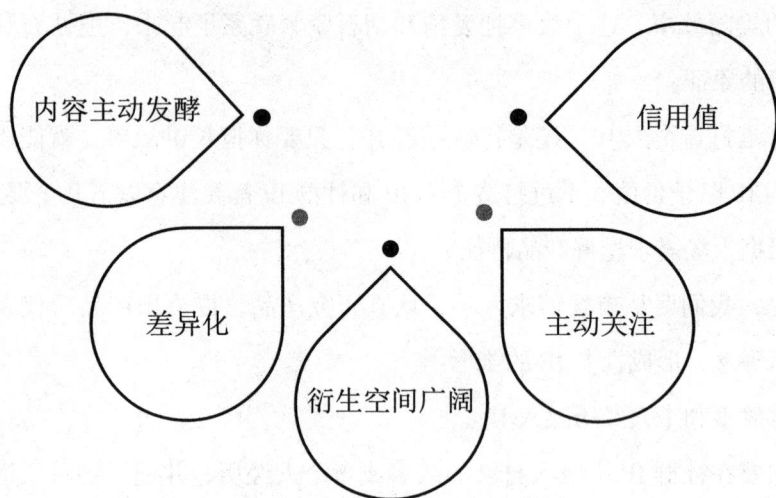

图 5-1　有商业价值 IP 的五大特征

1. 内容主动发酵

超级 IP 有一个显著的特征，就是有主动发酵的内容做支撑。像哆啦 A 梦、布朗熊、美少女战士、高达这些耳熟能详的超级 IP，都是靠着优质的内容在江湖上"经久不衰"。

相反，如果没有主动发酵的内容，就没办法激发起客户的好奇心，客户就不会那么心甘情愿地去为你买单。

2. 差异化

在定位理论中，差异化的意思是在细分领域占据客户心智。什么意思呢？打个比方，当问到美国动漫，你可能首先想到的就是蜘蛛侠和钢铁侠；当问到国内相亲节目，你可能首先想到的就是《非诚勿扰》；当问到新闻节目，你脑海里可能第一个蹦出的就是《新闻联播》。其实这就是差异化。正是这种独一无二的人格化特征，才使这个 IP 得到客户和粉丝的钟爱。

未来，这种差异化会更加明显，也越来越重要。

3. 衍生空间广阔

超级 IP 要想持续走红，必须有广阔的衍生空间。举个例子：《美人鱼》和《星球大战》同步上映的时候，前者的票房有 34 亿，后者却只有 7 亿。从票房上来看，好像美人鱼更胜一筹。但是就 IP 价值而言，星球大战的可衍生性远超美人鱼。毕竟星球大战前 6 部不是白拍的，那一系列的小说、玩具、纪念品，分分钟秒杀美人鱼。

这个例子告诉我们，如果主动发酵是 1 的话，那么可以持续被创作、价值翻倍的 IP 就是 1 之后的 0。

4. 主动关注

《名侦探柯南》从 1996 年推出到现在，一直在不断地更新；《七龙珠》从开播到现在，也依然没有断档；那些满载着"80 后""90 后"独家记忆的施瓦辛格、威力、周星驰、刘德华，一直在粉丝心中有着不可磨灭的印象。就算是刘德华的演唱会听不到他唱歌，粉丝们也愿意买一张票陪着华仔一起痛哭流涕。

出现这种现象不是偶然的，是粉丝对 IP 产生了割舍不开的感情，心甘情愿为他付出，这就是我们说的"主动关注"。

5. 信用值

IP 在重新建立信任关系的社交链条上处于中枢神经的位置，地位举足轻重。如果一个企业的 IP 成了他人口中的谈资，那这个企业就从单纯的客户思想中脱离开了，演变成了一个真正可以分享的话题，更有甚者成了一种表达个人感情的方式。

和普通社群比起来，IP 社群走的是可持续发展战略，没有只看眼前，而是站得更好、看得更远。这绝不是为了投机，而是为了社群的影响力更加持久。

5.2 IP 的商业价值是如何体现的？

在互联网发展的今天，随便点开一个与文化相关的新闻，几乎都会撞见"IP"这个词。比如 2019 年，现实主义大剧《都挺好》就是改编自 IP 作品，受到广大观众的一致好评，除了关注度高的 IP 之外，还有一些经典 IP 也将得到重新诠释，比如《仙剑奇侠传》在腾讯视频宣布重新拍摄计划，后续还将重新演绎与升级经典作品《还珠格格》《鹿鼎记》等。

自带流量的"IP"代表的不仅仅只是一部影视剧、一个文学作品或是一首经典的歌曲，它应该在经济市场的洪流中，经过产业化运作后有变现价值的能力。那么，IP 的商业价值是如何体现、如何表达的呢？

在本节中，我将结合各大著名 IP 的商业表现来为大家解答这个问题。总的来说，一个 IP 的商业价值可以归纳为两点：生命力和变现能力。

◇ **IP 的商业价值之一：旺盛的生命力**

简单来说，就是一个成功的 IP 既要有生命力，又要具备商业价值。

IP 价值最直观的体现就是有变现的能力，这种变现能力不仅仅只靠大成本投入，或只是昙花一现的爆红就能实现的。一个富有持久生命力的 IP，一定是有前期良好的内容沉淀为基础。

比如国际知名主题公园迪士尼、环球影城等，以其深入人心的内容吸引大批消费者蜂拥而至，甚至还会花大量金钱购买里面的衍生商品，为什么呢？原因很简单，因为这些主题公园就是依靠米老鼠、维尼熊、小黄人、功夫熊猫等有较高知名度的形象价值 IP 品牌，这些 IP 品牌都自带强大影响力，为价值变现奠定了基石。

IP 的持久性离不开"内容为王"的开发理念。比如堪称最强 IP 网红的故宫博物院，每年卖出去的文创产品高达到 10 亿元的销售额，先后又推出了《胤禛美人图》《皇帝的一天》等 APP 应用，吸引了大批粉丝关注。后又制作了《我在故宫修文物》《故宫新事》等纪录片受到广泛关注，那么故宫 IP 成功从何而来呢？

就是它自身具备的馆藏文化资源和丰富的历史底蕴，促使产品开发者获取灵感、提炼素材更加容易。不仅如此，开发者们将文化内容融入现代表达中，并加以卖萌的创意，从而吸引到大批粉丝。

简单来说，IP 要具备长期性的变现价值。也就是说，我们不能只注重一时的贪恋，而是学会"放长线、钓大鱼"，让 IP 能经得起时间的历练，但这样就必须以良好的口碑为基础，然后以"内容为王"的开发理念，最终以坚持不懈、沉淀内容的态度运作。唯此，才能让 IP 经久不衰，生命力旺盛。

为什么有的 IP 长久不衰，有的昙花一现呢？归其原因，就是生命力和传播力是否强劲决定的。比如迪士尼以其独有的 IP 及完整的授权产业链，现已成为主题乐园、影视娱乐、媒体网络、周边产品和互动娱乐五大业务领域，除此之外，其强大的 IP 创造和开掘能力打造了一大批如米老鼠、唐老鸭、功夫熊猫等多个动漫形象及经典 IP 故事，在全球都引起了广泛关注。

当然也会有人说，中国也有经典的 IP 故事，比如众所周知的《西游记》就自带 IP 流量，繁衍出小人书、动画片、影视剧等经典改编和重现，但是为什么国内有如此优质的 IP 资源，却依然达不到迪士尼那个高度呢？究其原因就是产业化、体系化和网络化布局不够全面，所以经不起反复利用，最终只能一时流行，而非永久存活。

好的 IP 一定经得起岁月的历练，具有持久旺盛的生命力，其生命力特征见图 5-2 所示：

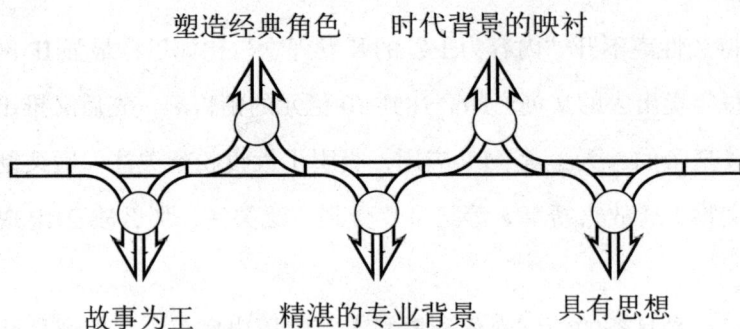

图 5-2　好 IP 的生命力特征

1. 故事为王

故事即内容，好的故事是任何优质 IP 的基本要素。故事里一定要融入适合的角色、独特的思想、完美的背景等共同呈现。

2. 塑造经典角色

塑造经典的角色和人物可以赋予故事灵气，让人们能深刻记住故事中的人物。比如米老鼠这个经典 IP 就深入人心，自动传播，影响力极广，无论男女老少，都喜欢米老鼠这个活灵活现的形象。

3. 精湛的专业背景

有了好故事和好角色当然不够，还要有精湛的专业进行辅佐，比如有些电视剧 IP 看起来很火，但是仔细一看，其实有很多细节都漏洞百出，让观众觉得这个电视剧 IP 的质量很低。

4. 时代背景的映衬

每个时代，都有每个时代的故事和印记，想要做出优质 IP，就离不开时代背景的映衬，比如路遥的《平凡的世界》这个 IP，以跌宕起伏的时代背景，就创造出一部有年代感的经典作品。

5. 具有思想

一部作品想要深入人心，就必须有自己的思想，这样才会呈现出一部有灵魂的作品，也更能引起人们的共鸣。

◇ IP 的商业价值之二：变现能力

文化产业公司之间的竞争力是非常激烈的，如何能像迪士尼一样从众多佼佼者中脱颖而出成为王者 IP 呢？最重要的就是把自己定位成一个经济体系，而且十分注重自己的持续变现能力。

迪士尼经过了一个漫长的体系化过程，在近 100 年的发展过程中，花了 60 年的时间做原始积累，通过不断设计一些被大众喜欢的卡通形象，并每年推出优质动画电影，最终成为文化产业界的王者 IP。

迪士尼的经营规模十分巨大，需要投入了大量的时间和金钱将迪士尼的战略布局扩大，而这样做的意义就是为了更好地服务其独有的商业化模式，简单来讲，为了实现最高的投资收益比，迪士尼的商业化模式就是把一个 IP 做乘法，然后在原创 IP 的基础上，再与各种经营手段相乘，最终获得最大的利润。

以《冰雪奇缘》为例，我们来看看迪士尼是如何利用这个 IP 实现变现价值的（见表 5-1）。

表 5-1　《冰雪奇缘》的表现形式与商业价值

步骤	IP 表现形式	IP 商业价值
第一轮次	电影票房、售卖 DVD、付费电视、付费网络、蓝光	票房收入 12.8 亿美金，蓝光带来 3 亿美金的收入
第二轮次	入驻迪士尼乐园，抓住 IP 最火的售卖点	粉丝蜂拥而至，圈粉无数
第三轮次	售卖五花八门的衍生品	公主裙一年卖出 300 多万条，创造了 4 亿美金的收入

迪士尼 IP 价值的体现，就是基于之前搭好的产业链上，在经济学中称为"协同效应"，简单来说就是通过人为干预，把系统中的多个元素进行合理配置，最终产生更大效应的目的。所以迪士尼能成为文化产业里的王者 IP，离不开它

超强的变现能力。

IP商业价值的体现要通过变现或盈利来实现，并以商业化模式来完成。所谓商业化模式，就是不断地研发、生产新产品，并与时代潮流相结合。如果总是一成不变的产品，就算是王者IP，也会被其他海量IP所取代。

所以，从IP营销的角度出发，最终是IP商业化模式的实现。诚然，迪士尼这样的大IP依靠其商业化运作的成功经验无法复制，但是我们也可以通过自己的方法实现IP的商业化变现，下面的三个步骤希望能对你有所帮助（见图5-3）：

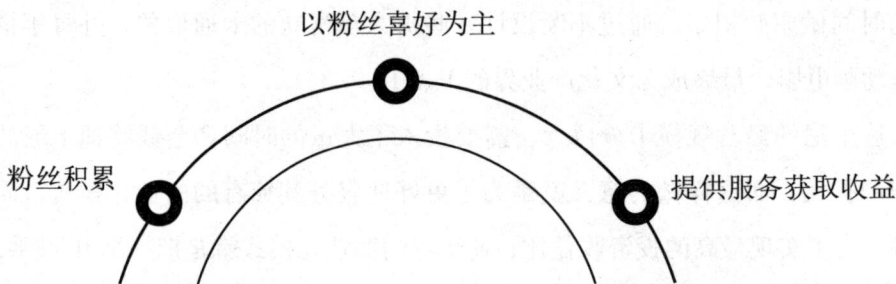

以粉丝喜好为主

粉丝积累

提供服务获取收益

图 5-3　实现 IP 商业化变现的三个步骤

1. 粉丝积累

IP商业模式主要是以人为主，想要获得长久、稳定的收入，就要不断地吸引粉丝的关注，并持续快速地积累粉丝。

2. 以粉丝喜好为主

IP的商业模式是交互和同人化。简单来说，就是IP营销要主动与粉丝沟通，深入了解粉丝的喜好，并中从找到彼此之间的契合点，最终打造出粉丝喜欢的产品，这样通过社交渠道变现就更加容易了。

3. 提供服务获取收益

当粉丝积累到一定数量，并拥有了粉丝喜欢的产品，接下来，IP就可以为粉丝提供产品与服务来获取收益，如搭建主题公园、制作动漫及游戏等。

所有 IP 的商业化都要以运营为主，运营的核心是用户，被用户认可的是商业价值的表现形式。IP 价值要构建出完整的商业模式，就离不开一些仪式感、参与感较强的互动加以丰富和完善，并最终达到营利的目的。

总之，IP 是具有商业使命的，我们必须构建出它的盈利模式，只有这样，打造 IP 才有意义。

5.3 引爆社群 IP 的三大关键点

互联网经济向来是竞争激烈的，普通的社群运营者要怎样才能在最短的时间内，引爆自己的 IP，打造出大受欢迎的 IP 社群呢？从传播学的专业角度来看，引爆社群 IP 需要掌握以下三个法宝（见图 5-4）：

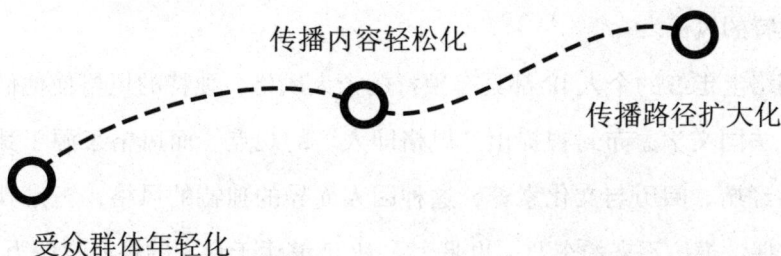

传播内容轻松化

传播路径扩大化

受众群体年轻化

图 5-4 引爆社群 IP 的三大法宝

◇**受众群体年轻化**

通过观察我们可以发现，那些火爆网络的作品，背后往往有着忠实的粉丝群体，这个群体主要由年轻人支撑，尤其以"90 后"年轻人为主。甚至还有"00后"的身影，他们掌握着最新潮的网络语言、拍着脑洞大开的段子，活跃在各种网络社交媒体平台及动漫社交平台上。

"skr""单身狗""佛系"是他们为自己贴上的标签，此类标签也吸引了和他们一样有着新奇想法的年轻人。可能这些年轻人更能感受到作品中表达的思想内容与感情诉求，更明白年轻人的兴奋点在何处。这些作品从一开始投放到流量池中就引起了年轻群体的关注，随着年轻群体的相继转发与推广，一股新的网络浪潮也随之而来了。

年轻人本身更偏爱于网络社交，因此，越来越多的产品将客户群体定位于"90后"甚至"00后"。因此，我们的社群也应该把目标群体定位在年轻人身上，只有这样，引爆社群 IP 的可能性才会更高。

目前，中国互联网的主要客户群体为"90后"的年轻人，其次是踏浪而来的"00后"，想要满足这些有想法、又苛刻的年轻人的口味可不容易。未来的网红，将有更严峻的挑战。

◇**传播内容轻松化**

通过观察近年来受欢迎的 IP，我发现受欢迎的 IP 内容都具有以下几个特征：

1. 独特的风格

在网络上走红的个人 IP 都具有独特的个人风格，独特的风格使他们变得独一无二，法国文学家布封曾提出"风格即人"的观点。而风格来源于其长久以来的生活经历、阅历与文化素养，这种因人而异的独特的风格，正是其竞争对手无法掌握、模仿不来的东西，也是个人 IP 能够优于众人的核心竞争力

2. 有治愈功能

如今社会节奏加快、技术更新迅速，稍不努力就跟不上社会发展的脚步，中年危机更是席卷而来，越来越多的人充满了焦虑与迷茫。在现实生活中无所适从的人们，就会寄希望于在网络上寻找情绪的宣泄口。治愈系的产品正好可以迎合人们的这种心理，实现产品与消费群体的完美对接。因此，治愈系作品极有可能爆出热点，成为人们关注的焦点。

3. 扩大受众范围

每个社群都有自己特定的目标人群, 这些人群并不是以社会地位来区分的, 而是以 "信息需求口味" 来分层的。小众的内容固然能够让社群具备封闭性, 也能让社群成员与社群之间的黏性增强, 但这却是以牺牲受众范围为代价的。

所以, 我们要在兼顾独特性和门槛的同时, 尽量扩大社群的受众范围, 因为受众范围大了。信息链条也会很快被打开, 内容也更容易向四周辐射扩散, 从而导致阅读量或浏览量的暴增。而一些较为严肃或者深层次的话题内容, 虽然从作品内容来说, 具有很高的价值含量, 但受众群体受了限制, 其传播范围受到限制, 难以形成爆款。

如果我们想做更深度的内容、更封闭的社群, 可以把有这部分需求的社群成员单独分离出来, 比如秋叶 PPT 社群就裂变出了很多次级小社群, 这些小社群均有不同的定位, 成员水平也各不相同。

◇ **传播路径扩大化**

传播渠道也非常重要, 毕竟再优质的内容和产品, 少了传播渠道, 也无法被世人所知。尤其是在如今以互联网为主的社交媒体时代, 社群想要形成一定的影响力, 那么其传播渠道的重要性不彰自显。无疑, 渠道越多, 渠道分发能力越强, 引发爆红网络的概率就越大。

可能在过去, 一条爆点新闻的产生只需要经过几大社交平台的相互报道与转载。但在如今互联网时代, 已经发生了天翻地覆的变化。客户越来越细化, 并且只爱专注于自己感兴趣的圈子, 这将在今后的年轻化社交平台中凸显得更为明显。

所以说, 一个优质内容如果仅仅只发布到一个平台, 或者仅仅在社群内部传播, 那么, 其影响力可能仅局限于这个平台或这个社群。我们应扩大自己的传播路径, 在不同社交平台之间形成联动传播, 这样社群 IP 引爆的概率也就更大一些。我们可以看到, 很多著名的大社群都是多平台发展的, 罗辑思维不仅有微信公众号、知乎账号、抖音账号，还有自己的得到APP。

很多网红IP看似一夜爆红，其实他们也经历了漫长的积累与酝酿的过程，网红达人papi酱，也不是突然之间就红了。起初，papi酱并没有自己独特的创作风格与过人优势，其作品淹没于茫茫人海很长时间，都没有引起半点涟漪。

之后，papi酱开始转变战略，形成吐槽式的风格，加入娱乐化的配音。再将作品投放到美拍、小咖秀、A站、B站等多种传播渠道，让自己的内容传播得更广泛。进而在网络上掀起了波澜，从papi酱走红网络的过程中我们可以看到，爆款IP的产生往往经历了一个从内容传播到积累原始粉丝，到粉丝再扩散，从而风靡于网络的过程。

在这个过程中的每个环节已经变得越来越苛刻。因为，信息时代已经来临，在海量的信息中人们早已看惯了各种形形色色的信息，适应了各种刺激，对网络信息逐渐产生审美疲劳。因此，要想在网络上引爆一个IP，就必须要保证内容上有足够的创意与令人惊艳的"传播点"。而且，在内容传播上也要实现全网全覆盖，只有这样，才能创造出更多的机会。

5.4 抢占认知高地，打造爆款IP

曾经我们常常受到时间、空间、媒体资源的限制，在那时打造一个IP是一件很难的事，也很难通过IP去做出一番事业。现如今，随着带有社交属性的平台渐渐火爆，让IP打造形成事实，现在就给大家介绍一下打造IP的五大方法（见图5-5）。

抓住时机，打造爆款产品

抢占高平台，
快速累积粉丝

推出系列化作品

利用"形象授权"，
向大 IP 借力

用"小而美"创
意发酵出爆款 I P

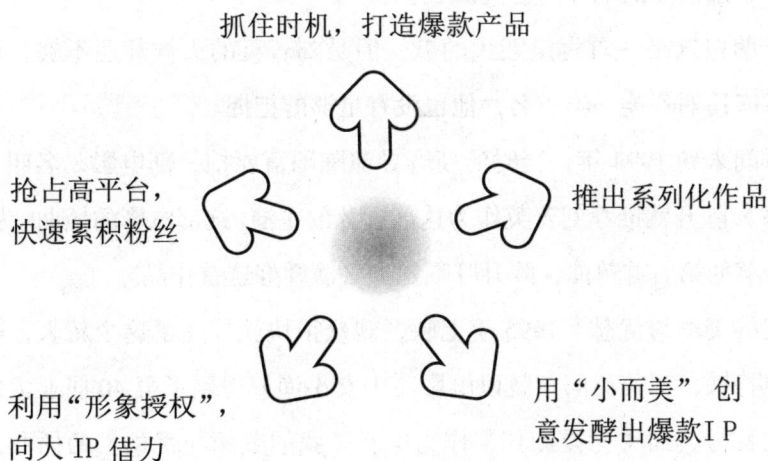

图 5-5　打造爆款 IP 的五大方法

◇抓住时机，打造爆款产品

无论是有意为之，还是偶然得知，不论是突然出现还是大器晚成，只要能够成为 IP，最重要的转折就是一个爆款机会。

如果没有形成爆款，就很难变成交点，没有交点，就不能有足够的引力去吸引到更多的关注。

比如说《太子妃升职记》的营销人员，就早在开播之前准备了 300 多个槽点在不同的阶段抛给网友。投放时发现网友围绕槽点 UGC 更有看点，促使他们放弃了之前的设定，像原著穿越等等话题，对于网友发现的鼓风机、淘宝服装等热议的槽点进行推波助澜，让讨论的声音一阵高过一阵，UGC 完全爆发。

1990 年在美国刚学完音乐毕业回到台北的刘若英，正在考虑将来该怎么走，因为机缘巧合认识了滚石唱片的陈升。通过双向选择后，刘若英加入了滚石唱片陈升的工作室，随后开始跟着陈升学习流行音乐的创作。

来到工作室不久，陈升就根据刘若英的性格和情绪，为其量身打造了之后传遍整个华语世界的唱片《为爱痴狂》。

陈升明白这是一首肯定能火的歌，但是刘若英的火候却还不够，而且一张专辑能不能让刘若英一唱成名，他也没有足够的把握。

当时间来到 1994 年，当时的新晋导演陈国富要拍一部电影，名叫《我的美丽与忧愁》，陈升就推荐刘若英作为这部影片的主演。这部电影的插曲《为爱痴狂》就是刘若英的第一首单曲，陈升叮嘱她务必演绎好这首作品。

《我的美丽与忧愁》1995 年上映，观众很快就接受了这个新人，既然火了就要趁热打铁，刘若英同年就以电影《少女小渔》得到了第 40 届亚太影展最佳女主角的称号，而《为爱痴狂》作为电影《我的美丽与忧愁》的插曲，一举夺得了 1995 年第 23 届台湾电影金马奖最佳电影歌曲奖。

同样也是在 1995 年，刘若英的第一张专辑出世，名字叫《少女小渔的美丽与忧愁》。

那一年让刘若英大红大紫，她用奶茶之名名扬华语世界。

通过这个案例我们可以看到，陈升打造一个歌手的时候，并不像一般人能找推出就早推出，早推出早成名，而是觉得没有到那个时机和火候，就不能操之过急，一旦到了这个点，不爆火都不行。

纵观这个社会，大多数一举成名的爆款 IP 背后其实都憋着一股劲儿。

这也并不是一件容易做到的事情，就拿刘若英来讲，在憋的这三年多里，作为助理就经常抄抄音乐小样，做一些杂事。

所以通过陈升打造刘若英这个爆款 IP 案例，有三点需要我们去思考（见图5-6）：

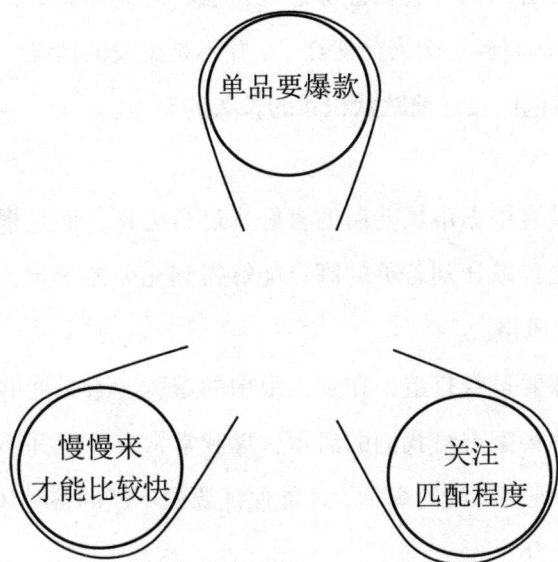

图 5-6　打造爆款时需要考虑的三个要素

1. 单品要爆款

有的人认为一个明星要出名，必须有很多作品，你看陈升用了那么多的时间，只给刘若英打造了一首《为爱痴狂》，而且借助《为爱痴狂》作为电影插曲大火的力量顺势推出整张专辑，整个爆款的流量就迅速反馈到了其他的产品，所以瞬间的多并不一定就好，对于观众来说，瞬间选择过多，使注意力分散，这也不见得是一个好事儿，所以你就知道为什么做精品手机的公司估值会一天比一天高，而有些搞机海战术的公司会渐渐没落，甚至消失了。

2. 慢慢来才能比较快

三年多的时间，对于滚石的陈升来说是非常漫长的，大徒弟需要做出成绩，不能看着像是在养闲人。但是陈升并没有因此着急，而是等待一个成为爆款机会，机会一到，不爆则已，一爆惊人。

对于当时刚刚毕业的刘若英来说，这个时候正是发扬青春年华，大展宏图的时机。在荧光灯普照的环境内能够憋住寂寞，忍到爆款，这需要信心、耐心和平常心。有时候你看到一个人突然红了，并不是突发的情况，而是厚积薄发呢，只不过是你不知道他们在之前默默积累的长久的努力。

3. 关注匹配程度

当时陈升并没有根据市场普遍的喜好来进行创作，而是根据刘若英自身的特点来打造的，这首歌让刘若英的高音能够得到充分的表现，也通过这首歌定格了她在音乐上的风格。

所以每件事都要量身打造，在别人眼中的爆款，未必能够让自己的人生过得好。就像淘宝的买家秀给我们的启示，爆款常常有，但并不一定都要变得一样，只有与自己特征相匹配的爆款，才能保证源源不断的各种风格的继续发挥，才有足够的生命张力。

◇抢占高平台，快速累积粉丝

我们曾经说过，IP 就是以人为中心的一个商业策略，如果一个 IP 需要得到稳定的回报，就一定要积累自己的粉丝。

在这种时候，IP 的运营就有两个关键点值得我们注意（见图 5-7）：

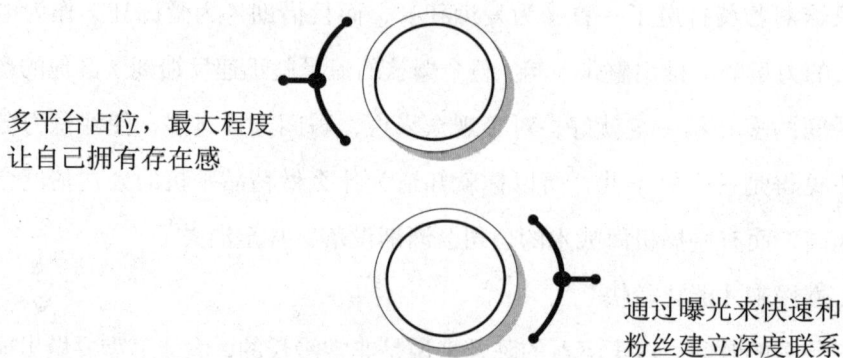

多平台占位，最大程度
让自己拥有存在感

通过曝光来快速和
粉丝建立深度联系

图 5-7　IP 运营时需要注意的两个关键点

第一个关键点是多平台占位，最大程度让自己拥有存在感。很多主持人都因为主持多个栏目而被观众记住。比如孟非，他不但主持《非诚勿扰》，还主持过《非常了得》和《新相亲大会》，从而获得观众流量。

第二个关键就在于通过曝光来快速和粉丝建立深度联系，只有和用户对得上话，才能让 IP 产品热起来。

在整个分享经济的大潮里，一个 IP 要能够做好自身的营销，最关键的不是去媒体上做简单的广告，而是通过每个用户彼此分享的力量，让用户参与进来，建立一个可触碰、可拥有的、共同成长的 IP 平台，这样才能够让更多的用户记住和喜爱它。

《龙族》是一本畅销的网络小说，它的作者江南被《知音漫客》天价拿下漫画改编创作权，同时也启动了漫画与小说相结合，多方位的运营策略。

因此江南的《龙族》在《漫客小说绘》进行热载时，其漫画改编版本由著名漫画家颜开所推出的《龙族（漫画版）》也在《知音漫画》上不断走红，强强联合，让漫画剧本具有了文学性，也让文学剧本的样式更加丰富，这是国内第一次做到让漫画和小说保持同步。

这种做法体现的多平台站位的意识，由于《龙族》读者的年龄段相对较低，很难建立起高质量的粉丝群链接，也是这一点，让《龙族》的 IP 能量还不能被彻底释放。

◇ **推出系列化作品**

IP 的价值难道说是恒定不变的吗？大到一个作品，小到运营公众号取得一个很好的开始，都并不是难事，偶尔爆发也并不少见。

爆款就是一次几乎满分的表演，能够为自己的站位舞台打开新的通道，接下来就看怎么样让观众愿意留下来。因此我们必须用持续的高质量产品来进一步巩固和捍卫 IP 的价值。

如果我们做不到高质量地系列化产出，整个 IP 的商业价值就不能被放大扩散，口碑持续累积，粉丝这种做法就比较难。周星驰是一个不断被做大做强的 IP，而成就周星驰 IP 价值的就是周星驰的系列电影，周星驰的 IP 自然有巨大的票房号召力，但是再强大的票房号召力也扛不住多部影片的口碑消耗。

那么周星驰这几年让我们失望了吗？没有。

所以说，《美人鱼》的口碑对周星驰的价值来说，除了他本身创纪录的票房，同时也捍卫了《喜剧之王》这个超级大 IP 的价值。

这里我们要特别指出，系列化的概念并不一定要过于狭义，比如《芈月传》和《甄嬛传》是两个独立的 IP，我们怎么样让他们成为系列，做出影响呢？

这个直接的方式就是原班人马再出品，保证话题性。《甄嬛传》曾经在中国电视剧行业内掀起了空前火爆的观影狂潮，而《芈月传》则有相同的班底进行打造。同样是古装题材，就算《芈月传》还没有播出，就会被人拿出来比较，这样既保证了话题性，也引起了足够的期待，受到广泛的关注，这也是一种别样的 IP 系列化方式。

这样系列化，逐渐演变成了所有 IP 的成功必经之路，有大部分的前置 IP 以为自己只是缺少一次爆款的机会，但没有足够的资源运作，让你快速卡位，快速推出同等质量，甚至更高质量的系列化产品，所以爆款也可能变成流星款。

◇利用"形象授权"，向大 IP 借力

谈到 IP 经济，形象授权是其中很重要的一个部分，国际上有很多成功案例。比如：全球闻名的史努比，一个憨态可掬的狗狗形象，长得非常讨巧，深受年轻人和小朋友的喜爱。你会看到，史努比早已漂洋过海，翻山越岭来到中国，出现在了中国许多地方。

特别是文具产品授权，书包、铅笔、尺子、削笔刀、文具盒等等，随处可见不同造型、不同装饰的史努比形象。慢慢地，史努比已经渗透到了食品、饮料、家居日用品等更多行业门类，甚至连奢侈品手袋都用上了史努比形象。

卡通形象的风靡，让很多动画形象成为流行元素。除了刚才提到的史努比，当然还有一个最应该谈论的卡通形象大本营——迪士尼公司。唐老鸭就是其中的佼佼者，拟人化的唐老鸭从出生就带着光环，赋予了它全新的动画形象。

　　走路、吃饭、大笑、愤怒、谈恋爱、睡觉……所有的设计都围绕着唐老鸭的准确市场定位和形象使命，唐老鸭就是卡通世界里的主角，就是卡通世界里一个鲜活的人物形象，这个超级 IP 横空出世。

　　唐老鸭在创作之初，并没有想到用于商业用途的授权，仅仅作为迪士尼动画的重要成员，被青少年广泛接受的动画形象。正是因为这种准确目标受众的喜爱，瞄准这些受众的商家看到了巨大的机会。有个童装店找到了迪士尼，愿意跟唐老鸭品牌形象合作，支付授权费。此后，一发不可收拾，迪士尼也注意到了形象授权的价值，远远大于卡通形象本身在动画市场的价值。于是，唐老鸭也走向全球国际化，我们现在市场上的文具、儿童用品等等，都能看见唐老鸭的身影。

　　国内很多商家通过正规授权，取得了唐老鸭的品牌形象。来自温州的王小姐一直在做服装生意，主要是儿童服装。王小姐的这次品牌联合，真正让她尝到了甜头，服装生意也越做越大，坚定了走品牌之路。

　　如果不是偶然的机会，听到朋友圈有朋友通过卡通形象授权做大食品事业，取得了成功，王小姐现在可能还在固守那个三十平方米的服装店铺。单纯靠售卖服装，盈利水平很低，基本只能维持服装店铺的运营，谈不上挣钱。

　　逼不得已，王小姐决心背水一战，孤注一掷，经过朋友的介绍和推荐，王小姐终于拿到了唐老鸭的形象授权。本身王小姐有服装售卖经验和渠道，再加上独特的品牌形象设计，童装一经推出，市场反响热烈，销售火爆，出现了供不应求的现象。

　　后来，王小姐又联合厂家和设计师，分季节推出不同的童装系列，引导消费者扩大需求，营业收入比原来翻了好几番。成功的王小姐下一步还准备开发更多的唐老鸭系列儿童服饰，像帽子、围巾、袜子等等。

　　聚集着庞大卡通形象团队的迪士尼，不仅拥有了独一无二的创作资源，同时也占领了许多市场的灵感来源，取得了巨大的成功，有着不可估量的商业价值。

迪士尼很聪明，知道生意不能一家做，只有懂得分享，才能持续受益。

◇ 用"小而美"创意发酵出爆款 IP

时下网剧开始大行其道，很多网剧都有一个共同特点，那就是小成本，全部用新人，却成就了一场万人空巷的追逐，好评如潮。我们不得不感叹，互联网时代的成功，不拘一格。正所谓，风来了，猪也能飞上天。

小成本，新人班底，这样的"小而美"网剧也超级 IP 的转变，这是如何做到的呢？一个好的内容，能捕获时下流行的特点，倾听受众的娱乐需求，准确定位网剧的方向，再配合超级的灵感创作，即使是用了一帮名不见经传的新人演员，即使没有大腕的投资和捧场，同样能够创作出颇具热点效应和深刻共鸣的作品。

"小而美"的网剧给我们的启发是：目标客户需要什么看点，喜欢什么方式表达，对什么样的产品和内容感兴趣，我们就有针对性地开发这样的产品和内容。很多时候，"小而美"的创意也能成就大 IP，而且门槛也不高，更容易运作。所以，我们要重视那些小创意，还要积极发挥社群成员的集体智慧，挖掘更多有价值、有潜力的小创意。

打造爆款 IP 的核心逻辑是抓住目标受众，迎合市场需求，形成独特内容，并大范围传播，只要抓住了这一点，我们就能灵活运用各种方法去打造 IP，做到万变不离其宗。

第 6 章　基于 IP，从 0 到 1 构建你的第一个社群

> 一个基于 IP 建立的社群，通常包含了同好、门槛、活动、数据这 4 大模块，如果你想从 0 到 1 地建立一个社群，就要将这 4 大模块一一落地，因为它们包含了社群价值观、社群规则、社群数据、社群氛围等重要内容。

6.1　同好：落实你的社群价值观

同好，是运营社群的第一大关键要素，那么，"同好"究竟是什么意思呢？很多人错误地把"同好"理解为"共同的爱好""共同的兴趣"，但是这种理解过于片面。实际上，同好的意思是社群的共同价值观，这种价值观一般来源于创始人的理念，或者产品的理念，

比如罗辑思维社群的价值观是："有种、有料、有趣，在知识中寻找见识！"共同价值观必须是大家共同认可的，只有这样才称为"同好"。

构建社群的第一步就是实现"同好"，打造和落实社群的价值观。而一个社群的价值观体现在方方面面的细节中，比如名称、LOGO、口号、输出方式等。

下面，我们就从实操的角度来看看，应该如何落实社群的价值观。

◇社群的名称

落实社群价值观的第一步应该从为社群命名开始，名字是社群的标签，而且会影响到客户对品牌或产品的第一印象，所以，我们应该慎重对待社群的名称，认真地为社群取一个合适的名字。一般来说，社群的命名方法有以下三种，如图6-1所示：

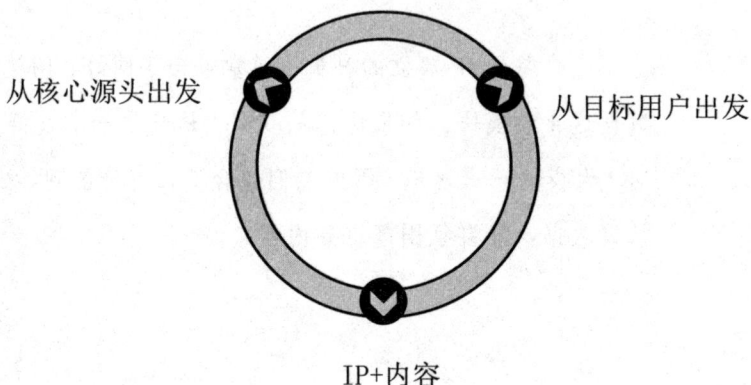

从核心源头出发　　从目标用户出发

IP+内容

图 6-1　社群命名的三种方法

1. 从核心源头出发

我们在为社群取名的时候可以先从核心源头出发，这个核心源头可以是社群的发起人，比如罗振宇的罗友会，也可以是核心产品，比如小米的米聊社区、魅族的魅友会等。

2. 从目标用户出发

如果我们想吸引某个目标客户群体，就可以直接给社群取一个与这个群体相关的名字，让目标客户一看名字就知道我们的社群是干什么的。比如，以跑步爱好者为目标的爱跑群，以年轻女性为目标用户的 BetterMe 大本营等。

3.IP+ 内容

还有一种方法是"IP+ 内容"，就是把知名的 IP 和社群的内容结合起来，这样做既能借助 IP 的影响力，又能让别人清楚地知道社群是做什么的。比如，吴晓波读书会、秋叶 PPT 等。

我们在为社群命名的时候，应该注重传播性，要让目标客户迅速地记住并找到我们的社群，所以我们在为社群命名的时候不要使用生僻字，也不要使用过于晦涩的词。

◇社群的口号

社群是建立在线上的，社群成员可能没有见过彼此，那么他们要怎样才能对上"暗号"，迅速找到自己人呢？只需要一句口号，社群成员就能认出彼此，并对社群产生强烈的归属感。社群的口号是社群文化的一部分，也是社群价值观的具体表现，因此，一个优秀的、朗朗上口的口号能让社群价值观更加深入人心。

口号是社群、产品、品牌的浓缩，它必须精准地体现社群、品牌或产品的精髓。一般来说，社群的口号可以分为三种类型：

1. 功能型

功能型口号主要阐述社群的特点，以用最具体直白的语言让大家明白社群到底是干什么的，"百度一下，你就知道"就是一句功能型的口号。

2. 价值型

利益型口号一般直接表明社群带给群成员的利益，或者直接亮出社群的目标。比如知识 IP 大本营的口号是"打磨一技之长，塑造个人品牌"。

3. 理念型

这类口号主要用于传递社群的态度、理念、情怀和价值观，比如趁早社群的口号是"女性自己的活法"，这句口号传递出了女性独立自主、活出自我的精神。

很多大品牌的口号都是理念型的，因为当品牌发展到一定的阶段后，就要开始向客户传递价值观了，社群也同样如此。

所以，我们在为社群拟定口号时要充分考虑社群或者品牌的发展阶段，并根据阶段对口号进行调整，初期我们可以选用功能型和价值型的口号，到了成熟期就要使用理念型口号，因为当品牌进入成熟期以后，市场竞争就变成价值观的竞争了，谁的价值观能被大众接受，谁就是胜利者。

◇社群的视觉设计

社群的视觉设计也是落实共同价值观的重要环节，因为，营造统一感是贯彻价值观的重要手段，我们必须要让社群在视觉上有统一风格、有超强的辨识度。社群的视觉设计包括头像设计、群昵称、线下活动、会场布置、社群标志、社群宣传图片或海报等。

1. 规范群头像、群昵称

无论是以 QQ 群、微信群，还是以论坛社区为载体的社群，规范群成员的头像和昵称都是非常重要的，一来可以让群内秩序井然，二来可以让群内的视觉风格更加统一。如果社群成员的头像和昵称都不统一，就会给人一种"杂牌军"的感觉，而且也不利于社群的管理和群成员之间互相了解。

我们在规定社群头像时，最好选简洁大方的图片，或者使用本社群的标志（logo），群昵称也不宜太拗口，做到简单明了即可，我们可以用"社群名 + 群内层级 + 昵称"或者"群内层级 + 昵称"的形式，比如"爱读书群组长·佳佳"或"管理员·亮哥"等，这样的命名方式能让群成员之间快速熟悉起来。

2. 设计社群的标志

标志是社群视觉设计的核心，当社群标志产生以后，社群的官方微信、微博头像、群成员头像、周边产品、宣传海报、线下活动布置等都要以标识为核心。无论是线上传播，还是线下活动，我们的社群都必须有给人一个最核心的视觉印象，所以我们必须要为社群设计一个令人印象深刻的标识。当标志设计好后，我们还要把它运用到社区的各种线上、线下活动中，让品牌的视觉形象得到强化。

我们在设计社群标志时，可以沿用原有产品或品牌的商标或标志，也可以根据社群的特色重新设计一个。总之，社群必须要有统一的名称、统一的口号和统一的标志。

◇**社群的输出方式**

除了名称、口号和视觉设计以外，社群还需要用持续输出、互动的方式来强化共同价值观，常见的输出形式有内容输出、互动和线下活动，比如定期推送的文章或语音，群内答疑分享、线下交流会和讲座等。

我们在做价值观输出的时候一定要掌握节奏，最好能让其具有一定的仪式感，比如罗辑思维社群的 60 秒语音在每天 6:30 准时发出，很多客户都已经形成了在每天早上听一段语音的习惯。固定的输出节奏可以帮助客户形成固定的使用习惯，让他们对下次推送的内容产生预期，进而逐步提高活跃度。

以上就是落实社群价值观的四大核心内容，希望能对大家有所帮助。社群共同价值观形成的基石是群成员的三观相同，如果社群内存在大量价值观不同的成员，那么社群的思想就很难统一，因此，我们还要定时为社群"洗粉"。

所谓"洗粉"就是通过某些方法把三观与社群不匹配的人"请出"社群，不过"洗粉"这种手段应该慎用，因为稍有不慎就会对该群造成伤害。在我看来，与其后期"洗粉"，倒不如在一开始就设立好门槛，让社群尽量吸收三观相同的人，只有这样，才能更好地落实社群的价值观。

6.2 门槛：形成你的社群规则

俗话说"无规矩，不成方圆"，对于社群运营来说，规则是相当重要的，它关系到社区的生存和发展。因此，我们在建立社群的初期就要设好门槛、立好规矩。当社群想成一套完整、成熟的运营规则以后，不仅能够开启"自运营"模式，还能够大规模地进行社群复制和扩张。

做好社群管理不是一件简单的工作，我们不能把管理社群等同于当群主，我认为，很多社群的失败都应该归咎于管理者，在建立社群之前，我们首先要考虑自己能否管理好一个社群，或者能否找到一个合格的社群管理者。有些企业在选择部门管理者时会慎重考虑、仔细考察，但选择产品社群管理者时却十分草率，常常安排一个不适合的人去管理社群。要知道，我们的社群需要的是运营者和管理者，而不是群主和小助手。

我认为，一个成熟的社群管理者应该具备以下几个特质：

第一，具备一定的号召力和影响力；

第二，有长期投入和精力和准别，因为尽力一个社群不是一朝一夕就能够做好的，需要一个长期的过程。

第三，具备较强的观察能力，能及时发现社群内氛围的变化，并做出正确的引导。

第四，具有较强的学习能力，能带领社群共同进步；

第五，具有较强的营销能力，能够带领社群实现商业变现和可持续发展。

如果我们要亲自管理社群，就要不断学习和进步，让自己成为一名合格的社群管理者。找到了社群管理者，接下来我们要设立门槛和规则。

在设立社群的门槛和规则之前，我们要先了解一下社群的人员组成和组织结构，不同结构的社群在人员构成和组织架构上都会有所不同，我们在构建社群之前应该充分考虑这一点。

◇**社群的人员组成和组织结构**

下面，我以基于兴趣型或学习型社群为例，分析了这种社群中普遍存在的角色，这些角色是构成不同类型生态模式的关键要素。社群中一般有以下六种角色（如表6-1所示）：

表 6-1　社群里存在的六种角色

群角色	说明
组织者	负责群的日常管理维护，也是群的活跃分子
思考者	群里灵魂人物，在圈子里拥有威信或影响力的人
清谈者	能够轻松自如接受大家的调侃，让群变得活跃和有气氛的人
求教者	在群里提出自己的各种困惑希望得到帮助的人
围观者	习惯潜水，偶尔插一句话，很快又消失的人
挑战者	加入一个社群后往往对群的管理方式或者交流内容公开提出不满意的人

把这些角色进行不同形式的组合，可以产生两种社群结构——环形结构和金字塔结构。

1. 环形结构

环形结构里的角色可以通过交流产生变化和影响。在社群中这些角色的数量是不固定的，但是灵魂人物却是必不可少的。这个灵魂人物可能同时拥有多个身份，比如组织者、思考者、清谈者等。一个群里的灵魂人物越多，那么这个群的生命力就会越强，所产生的思维火花也就越多（见图6-2）。

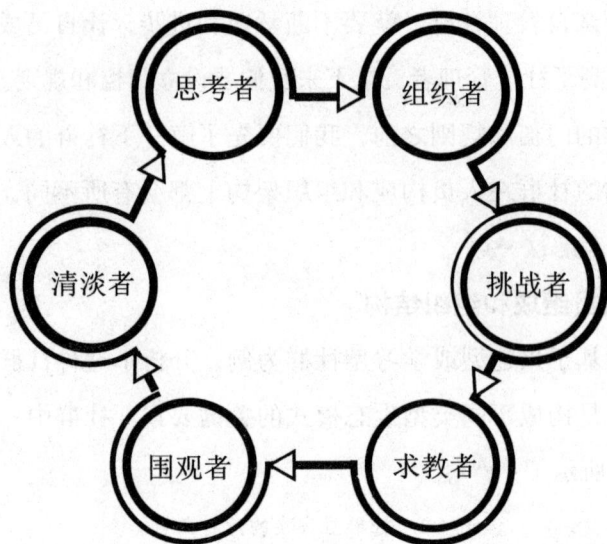

图 6-2　环形结构

活跃分子对于社群十分重要，虽然清谈者并不能提供一些有深度的内容，但是他们拥有很多信息来源，在活跃气氛的同时可以给思考者一些启发，一些围观者也可能会加入话题，从而促使大家踊跃发言，得到有意义的内容。

除此之外，清谈者幽默的个性和包容的心态往往能够接受调侃，活跃气氛，让社群不至于单调无聊。

求教者有时可以给思考者带来好的切入点来展开话题，但是如果缺乏沟通技巧，加之问题过于幼稚，反而会给思考者带来负担。

如果此时思考者在回答时没有顾及求教者的感受，求教者就会认为自己的个人尊严没有得到应有的尊重，很有可能会转变为挑战者，导致被迫出局。另一方面，如果求教者得到了满意的回答，那么他就会自觉承担组织者的职责，积极参与群的日常管理和维护，成为群里的活跃分子。

正是由于环形结构的这种可以转换身份的特点，导致群规的设置存在很多弹性空间，这往往不利于群规的执行。

2. 金字塔架构

金字塔结构则与环形结构有很大的区别，其主要结构是，一个高影响力的人物发展一些组织者来协助管理群，群成员则是来学习的，其主要目标就是这个高影响力的人物。因此这种群的组织结构是严格按照等级划分的，群规也非常严格，这样才能保证影响力人物进行有效的信息通讯（见图6–3）。

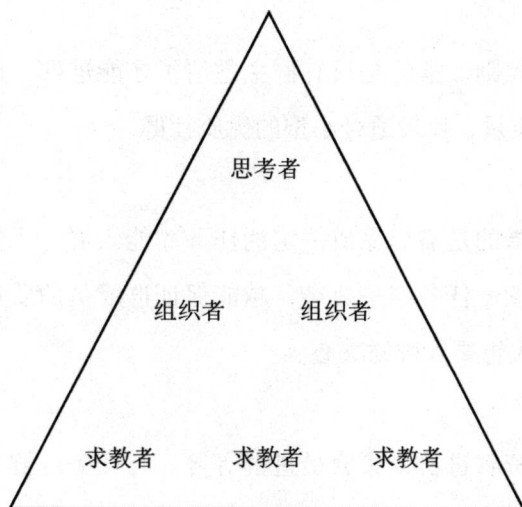

图 6-3　金字塔结构

这种学习群最可能采用运营模式就是影响力人物定期分享相关学习内容，组织者负责管理和维护群的日常秩序。

虽然这两种结构有很大的区别，但无论是哪一种结构，群规都是不可或缺的。总有群成员会或多或少地触犯群规，如果社群组织者不能运用合理的沟通技巧处理好这种情况，那么其他观望的群成员会以退群的方式来表达自己的态度，这就不利于群的持续生存，而在群规则中，最重要的就是入群规则。

◇入群的规则

入群规则是社群的第一道"门槛"，这道"门槛"可以帮我们筛选出那些认同社群理念、符合社群价值观的成员。我不止一次地强调过，对群成员的前期筛选是十分重要的，如果不经筛选就随意引入社群成员，后期运营就会出现问题。

一般来说，我们以以下六种入群规则来筛选出自己想要的群成员：

1. 邀请入群

邀请制的入群规则，指的是只有群主邀请了才能进群。这样的入群方式可以有效保证成员的质量，比较适合小型的优质社群。

2. 任务入群

这种入群方式指的是需要完成一定的任务才能入群，比较常见的方式就是朋友圈集赞然后截图。任务越是复杂，越能保证群成员的质量。因为复杂的任务往往能证明一个人想要入群的决心。

3. 付费入群

常见的就是买资料进群，买会员进群等等。与任务进群类似，付费的金额越高，群的质量越高，因为群成员愿意为了这个群付出的金额越高，说明他真的是看重这个群，所以群的费用与群的质量是成正比的。

这种入群方式与任务入群比较类似，一个人所支付的费用越高，那么群成员的质量就越高，群的质量也就越高。最常见的就是付费培训群、考试群等。

4. 推荐入群

这指的是由群成员推荐才能入群的方式，不过，每一个群成员的推荐受次数限制，这样才能保证群的质量。

5. 申请入群

申请入群既不用接受邀请，又不用购买产品或者付费，但是必须像面试一样提出申请，只有申请通过后，才能入群。简单来说，就是申请者的才华或能力必须获得社群管理者的认可。申请的形式多种多样，比如简历、视频面试、公开招募、在线测试等。

6. 预备筛选入群

我们还可以建立预备考核群，给那些想加入社群的人一个机会，并观察他们一段时间，通过考核期的人就可以加入正式社群。这种与被筛选制度和企业的试用期制度相类似。

我们可以安排一个短期的预备社群，在社群中设立观察员，以观察所有预备成员的表现，看他们是否符合社群的文化和价值观，如果不适合则予以劝退。预备筛选机制对于那些想加入的人来说也是一个双向选择的机会，他们可以借此机会看看自己是否能适应社群的氛围，避免出现反悔的现象。

越优质的社群越容易吸引人们加入，但是我们的名额却是有限的，因此我们必定会拒绝一部分人，为了照顾被拒绝对象的情绪，也为了保持社群的美好形象，我们在拒绝入群申请时必须讲究方法，做到得体和尊重，千万不要让那些本来对社群有好感的人"粉转黑"。

◇ **怎样设置群规**

有了门槛之后，社群的内部也要设置规则，一般来说，每个群的规则各有不同，但不外乎以下几项内容，如图 6-4 所示。

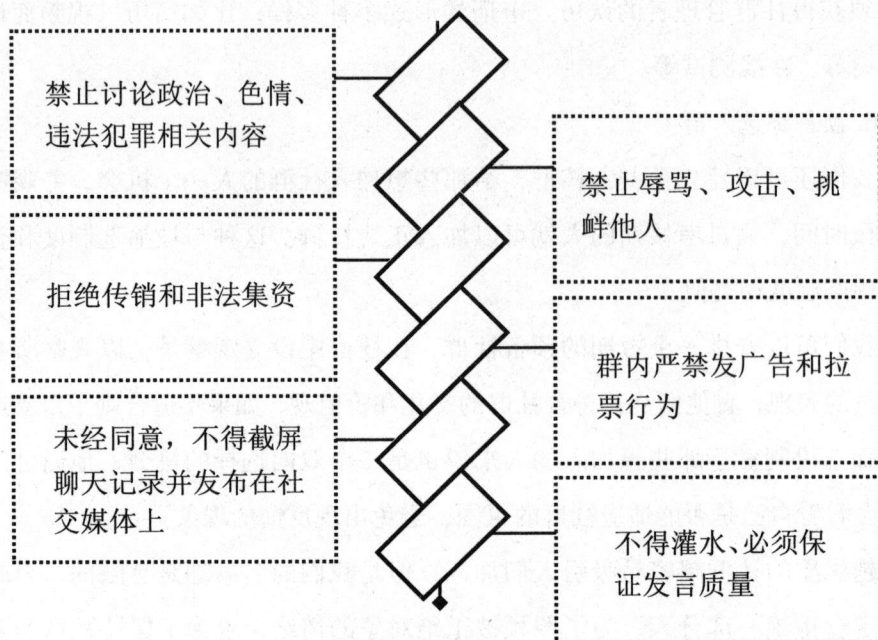

图 6-4　常见的社群群规

　　上面这几项内容可以细化成不同的群规，很多社群的群规也是建立在这几大项的基础上的。不过，群规的内容虽然大同小异，但是最后的效果却大不相同，有的群规能对群成员起到很好的约束作用，但有的群规却形同虚设。这是因为，社群管理者在设置群规则时没有考虑到以下三点：

1.简化群规则

先来看看下面这条群规：

如群内多次出现争吵、攻讦、挑衅、侮辱等言语时，各成员、群管理员应及时劝阻当事各方，以维护群内友好团结的氛围。

如劝阻无效，群内所有成员皆可用"投诉接力"的方式表达不满，形式如"投诉@王二+1"。当出现"投诉　@王二+10"且当事方仍未停止攻击和辱骂行为时，群管理员可将其移出社群，改正并经审核通过后才能重新入群（若原群已满，则不保证能回到原群）。

这段群规看起来没有任何问题，描述得也很清晰、详细，但是在这个碎片化阅读的时代，这段群规就显得不够简洁了。群规则的文字内容不宜过长，越短越好，因为太长的群规大家反而记不住。秋叶老师的知识 IP 大本营的群规就只有三句话：

"未经许可，不许截屏；未经许可，不发广告；法律禁止，不要惹事。"

这样的三条规则不仅好记、好理解，而且也有利于传播。我们在设置群规则时，一定要做到简洁、清晰、有力和精准。

2. 让群规更委婉

有些群规则非常合理，但却令人反感，比如下面这几条：

不准发广告，不准灌水；不准在 XXX 时间段发言；

不准私加好友；发言必须多于 10 个字；

分享文章必须经过群管理准许；

不加群主好友的一律删除；

长期不发言视为自动退群；

……

看到这样的群规则，群成员会感觉到自己在社群里什么都不能做，没有丝毫自主权，而且群规则的语气生硬，实在令人反感。我们要明白，设置群规则不是要禁止群成员的行为，而是要引导他们的行为，让他们在日常行为中展现社群的文化和价值观。

我们可以让自己的群规则更加委婉一些，要告诉群成员应该怎样做，而不是命令他们不能怎样做，比如下面这篇"知识 IP 大本营"社群的群规：

"我们鼓励互粉，包括大咖。但连接大咖，一定要想想你能给对方提供的价值是什么？

我们鼓励大家互相分享营员和外包的优质输出，分享文章，建议加推荐理由，而不是丢出文章自己发红包问哪里不好或求转发，请务必培养一个IP的格局和判断力。

我们允许卖萌，但建议你每天在群里也分享一段和本群有关的深度思考（就是发言写20个字），不能总用表情包，要用你也用不过大叔私人定制的表情包。

我们不禁言，但提倡学会自然插话，让画风一转再转，这都可以。但不建议大家聊A时你突然谈B，我们都不想冷场。

气氛融洽时，我们可以谈谈生活和八卦，但不推荐在工作时间大晒吃喝玩乐的照片，请照顾加班人士的心情。

广告有创意，您随意。否则您有创意，广告不随意。

别随时打断或批判别人观点，特别是炫耀智力优越感。要多给新人舞台，多给潜水者舞台，多给成长者舞台。

未经当事人许可，不能截屏分享到社交媒体。

红包不要乱抢，抢之前看看给谁的，抢错自觉还。"

这个群规则就要委婉得多，与其说是规则还不如说是建议，只要是具有思考能力的成年人，都很容易理解这些建议，并明白这些建议对社群的好处，并自觉遵守它们。

社群与企业不同，企业管理中可以有严格的奖惩制度和绩效考核，但社群管理则应以激励和鼓励为主，用正向的引导去改变群成员的行为和习惯。我们在制定群规则时，应该在严格遵守底线的基础上，遵循"三少三多"原则，即少对抗、少批评、少指责。

3.引导社群成员了解规则

制定好规则并不能解决问题，重要的是每个群成员都能注意到这些规则，从而减少一些不必要的矛盾和问题，因此，采用合适的方式方法引导群成员了解群规则是社群运营必不可少的一步。

比较常见的方式包括进群之前要求仔细阅读群说明，进群后的群通知、群公告等等。个别有问题的成员，可以单独沟通来确保群秩序，还可以通过平时的推送来让他们进一步了解社群的主要作用。

事实上，引导成员了解群规则的方式还有很多，比如红包雨、修改群名、入群前的必读手册等等，而这样做的最终目的就是，要让成员了解到这些规则，这样就能在运营时减少很多不必要的麻烦，节省精力。刚入群和活动开始前是群成员注意力最集中的时候，此时就是通知重要消息的最佳时机，那么就可以增加一些其他活动的信息。

6.3　数据：管理你的社群数据库

社群经济刚刚兴起时，让很多运营人员把自己的目光聚集在了社群拉新上，这种运营思路在当时是很有效的，并帮助很多社群快速扩大了规模。可是，如今社群经济已经逐渐成熟，我们在管理和运营社群时也需要更加精细化。

如今，社群获取客户的难度越来越高，我们要用最少的资源获得最好的运营效果，所以，精细化的社群运营是未来的发展趋势。为了做好精细化运营，我们要对社群的数据进行管理和分析。

社群的数据可以分为两大类，一类是社群本身的数据，第二类是社群的业务数据。首先，我们来看看我们社群本身的数据。

◇管理社群本身的数据

社群的基础是客户和内容，所以我们应该从客户和内容的角度出发去管理和研究社群本身的数据

1. 社群用户行为数据

我们通过统计和分析客户在社群内的行为数据可以了解不同客户群体的行为特征，然后再根据客户的行为特征进行精细化运营。客户在社群中的行为包括：打卡、签到、讨论、参与活动、发言、购买等。研究这些客户行为可以帮助我们做好用户分层，并实施更有针对性的运营措施（见图6-5）。

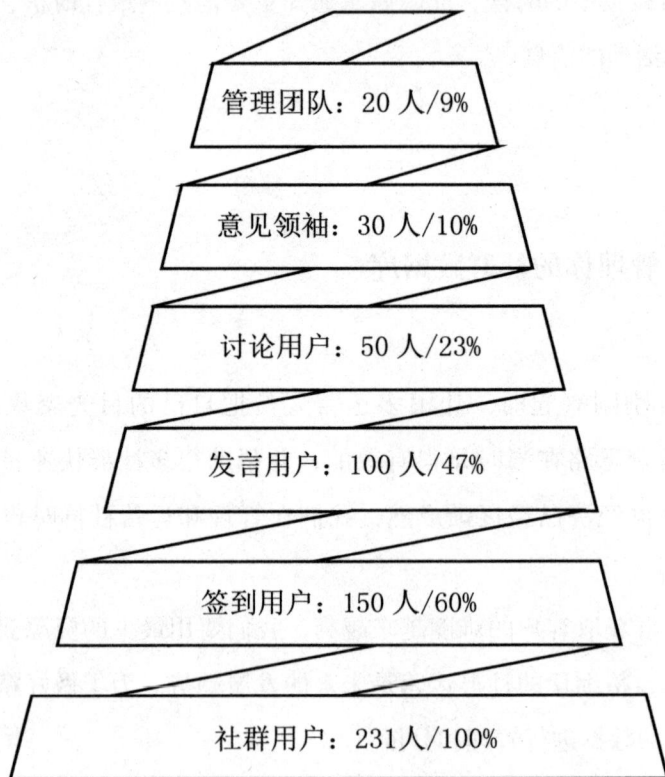

管理团队：20 人/9%

意见领袖：30 人/10%

讨论用户：50 人/23%

发言用户：100 人/47%

签到用户：150 人/60%

社群用户：231人/100%

图 6-5　社群用户行为数据

比如，当社群的签到率小于40%的时候，我们就可以把不签到的那批用户移出社群，再重新招募新成员。大家都说社群的活跃度会逐渐下降，社群也有自己的生命周期。可是，如果我们不去做数据分析，就永远也不会知道自己的社群到底处在生命周期的哪个阶段，也无法采取有效的应对措施，只能等待社群的消亡。

2. 社群的内容数据

社群的内容数据是指客户在社群中产生的内容数量和特征，以及用户的反馈情况。社群中的内容数据主要包括：发言量、评论量、点赞量和分享量等。一些有特殊运营目标的社群还会在特定的时间段里对客户的发言情况进行统计，具体的统计内容如表 6-2 所示。

表 6-2　社群内容用户数据

数据项	定义
有效内容输出	能够对产品内容进行有效传播
发言时间分布	在统计周期里的发言时间分布图
发言总数趋势	在统计周期里的社群活跃度
人均发言数	在统计周期里的用户黏性
发言总数	在统计周期里的发言数量

研究社群内容数据，有助于提升社群的内容输出能力，因为我们可以通过研究内容数据，找出社群成员最感兴趣的内容和发言最积极的时间段，并以此为依据制定社群内部的讨论话题，让更多的社群成员参与到讨论中来。

◇管理社群业务数据

兴趣类社群只需要研究社群内部数据，而产品类或服务类的社群还需要关注社群的业务数据。因为我们要知道，社群对业务的提升效果，对产品销售的影响。如果社群对业务的提升效果较差，就说明社群的运营出现了问题，需要改进。

客户增长总量、客户留存率、客户购买量、产品销售额等等都是绝对数据，受社群规模的影响问题，上述数据在绝对值上可能会比较小，尤其是和其他渠道相比时。所以我们在研究社群运营数据时，要看它的相对值。

◇用数据重新定义社群

过去，大家都喜欢用社群的人数和发言数来作为衡量社群质量的标准。比如，某某优秀社群拥有20万成员，单日发言人次超过一万等。在我看来这种衡量标准太简单粗暴了。判断一个社群运营的好不好，我们应该从更多角度去看，而不是只关注客户数量。

社群运营手段，是运营工具，我们要把目光放得长远一些，记住自己建立社群的最终目的。我们建立社群，是为了实现更长远的运营目标，而不是追求社群的人数，除了人数以外，我们还有很多影响因素要关注。

我们要像定义产品一样去定义社群，产品的运营离不开数据，社群也同样如此。我们要从以下五个方面的数据去重新定义社群，摆正社群运营的方向。

1. 总量

群成员的总量不是衡量一个社群优秀与否的唯一标准，但却是重要标准，因为没有人气的社群也很难成功。

2. 留存率

社群成员在进群一段时间后是否还在社群，是否还表现活跃。

3. 业务数据

业务数据包含产品销售额、订单量、转介绍量、转化率等，研究这些数据可以帮助我们判断自己的运营策略和变现方式是否有效。

3. 内容数据

内容数据包括社群成员的发言频率、人均发言数量，以及推送内容的转发量等。内容数据可以反映社群的氛围和交流质量。

社群的运营离不开数据管理，它的最大意义在于能帮助我们判断社群的运营效果和所处的生命周期，通过数据我们可以找到自己在运营和管理上的不足，并及时调整策略。

6.4 活动：激活你的社群氛围

很多做社群的朋友都遇到过这种情况，好不容易通过 KOL 和活动吸引了一些流量，建立起了社群，可是社群却怎么也无法激活，群成员最活跃的时候就是发红包、抢红包的时刻，其他时间都保持着爱答不理的状态。

为什么社群会无法激活呢？我认为根本原因是社群无法持续输出核心价值，我们要为社群赋予新的价值。所以，我们必须做好以下两件事：

◇第一件事，将用户分类

很多社群运营人员对待客户"一视同仁"，用同样的运营方法对待每一位客户，这样做会导致运营效率低下。为了提高社群的运营效率，我们将客户进行分类。

根据客户的活跃度和平时表现，我们可以把他们分为核心客户、适应性客户和外围客户（见图 6-6）。

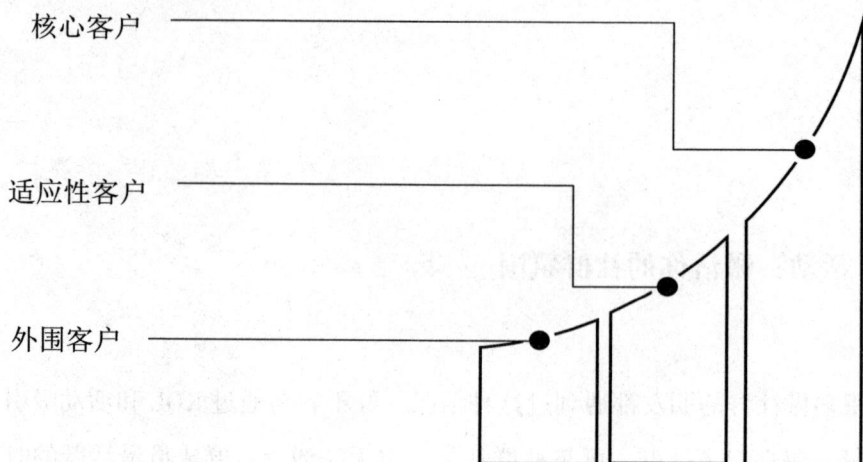

图 6-6 客户的分类

1. 核心客户

核心客户是社群内的活跃分子，他们往往有较强的表现欲，也非常愿意表达自己的想法，因此经常在社群内积极发言。对于这类客户，我们要重点关注和培养，可以把他们拉进核心管理群中，并通过物质或精神上的激励，鼓励他们继续保持活跃。我们还可以将他们培养成社群中的 KOL 或 IP，让他们组织各类线上、线下活动。

2. 适应性客户

适应性客户是刚入群的新人，或者偶尔会在群里冒泡的人，他们还不是很熟悉社群的调性和节奏，没有完全融入社群的氛围中。

对于适应性用户，我们可以和他们一对一私聊，消除他们的顾虑，解决他们的需求。当新人进群时，我们要安排"老人"引导，让新人尽快融入社群，加强新成员和老成员之间的联系。

如果我们不重视新人，他们就会很快地流失掉。Facebook 在刚上线时，就出现过这种情况。后来，运营人员通过研究用户数据才发现，好友数量是影响

Facebook 用户活跃度和留存率的关键因素。于是,运营人员就通过一些运营策略,让新用户在 10 天内加 7 个好友,这样一来,Facebook 的用户留存率就大大提升了。

社群的本质是熟人社交,为了留住适应性客户,增加他们的活跃程度,我们要积极地帮助他们与其他客户建立联系。

3. 外围客户

外围客户在社群内扮演的是围观者和潜水者的角色,甚至在做客户问卷调查表时,他们也是一副爱答不理的样子。可是,虽然他们一点也不活跃,但他们很愿意待在社群里。

对于这类用户,我们既不要频繁打扰他们,也不要放任不管,我们可以通过数据研究他们的消费偏好,并有针对性地为他们推送相关产品和内容。我们还可以将这类用户引导到自媒体账号,给予他们更多了解产品和社群的渠道,把沟通的主动权交给他们。

把用户分层并区别对待以后,是否就能激活社群了呢?当然不是,因为社群还需要一支强心剂,社群成员也需要高价值的活动来激活自己的心智。

◇第二件事,用高效活动激活用户心智

一场高效的活动必须具有循环结构,如图 6-7 所示。

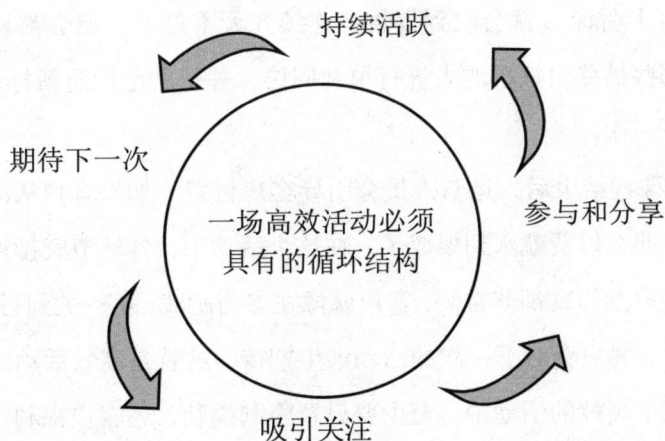

图 6-7 高效的活动

可是，在实际运营中，大部分人做的活动都是线性的，最典型的就是抽奖活动，推送一个抽奖页面，然后发奖品，活动就这样结束了。这种线性的活动在短期内可能会起到一定的效果，但是却无法持续激活社群，是治标不治本。

我们在策划活动时要设计出环环相扣的流程，并引导客户一步步进入下一个环节，让他们活跃度能够保持。最后还要让用户产生参与下一个活动的欲望。

比如，有一个英语学习 APP 社群做了一个 8 天免费学英语的活动，我们一起来看看为期 8 天的活动是怎样展开的？

1. 吸引关注

运营者把参与活动者拉进了一个社群里，如果参与活动的人能邀请 3 个好友加上运营者的个人微信号，就能获得价值 108 元的专题课。

2. 参与和分享

每天学习完后，运营者都会在社群里发一张海报恭喜大家完成今天的课程，参与活动者只需转发这张海报并附上简单的学习体会，就能获得一份精美小礼品。

3. 持续活跃

为了提升活跃度，社群运营人员还设置了退群警告规则，只要活动参与者连续 2 天不打卡听课，就会收到警告，连续 3 天不打卡，就会被移出社群。运营人员会对那些被移出社群的人进行单独回访，并帮助他们重新打卡复活。

4. 期待下一次

8 天免费课程结束后，运营人员会引导客户付费，如果客户从活动中获得了很好的体验，那么付费就水到渠成了。在这个活动中，各环节安排得非常紧凑，每个环节的客户参与度都非常高，客户就像在参与游戏，从一关到另一关，在"闯关"的过程中，客户会对下一次的活动产生期待，这就是高效活动的循环机制。

另外，一个高效的活动中，至少要设置隐藏福利、老客户福利、引导福利、吸引福利这 4 种诱饵。我们在设置诱饵时，最后不要用产品试用装或者组合装，因为这种诱饵的成本太高。好的活动诱饵必须要做到"低成本、高价值"，只有这样才能获得较高的投资回报率。

　　活动是维持社群活跃度的不二法宝，当社群进入瓶颈期或者倦怠期时，我们要用利用高效的活动把社群激活。

6.5　在线授课：将你的内容多元化地呈现给用户

　　线上授课在近年来非常流行，它很适合在社群中来操作，很多人都已经通过销售或制作网课而获得了不菲的收益。

　　线上授课是一种以互联网为媒介发展起来的学习方式，有了互联网，人们不用再去线下培训机构或者老师那里学习和听课了。只需要通过网络付费就能学到自己想学的知识和课程，而且线上授课的种类也比线下培训机构要丰富得多。

　　线上授课之所以能有市场，就是因为人们对知识的焦虑和渴求。很多人走入社会后，也依然有继续学习的愿望，依然有提升自己的想法。所以，有越来越多的人选择通过网课来继续学习。很多社群也抓住了客户的这一痛点，纷纷开展线上授课业务。

　　线上授课的形式有两种，如图 6-8 所示。

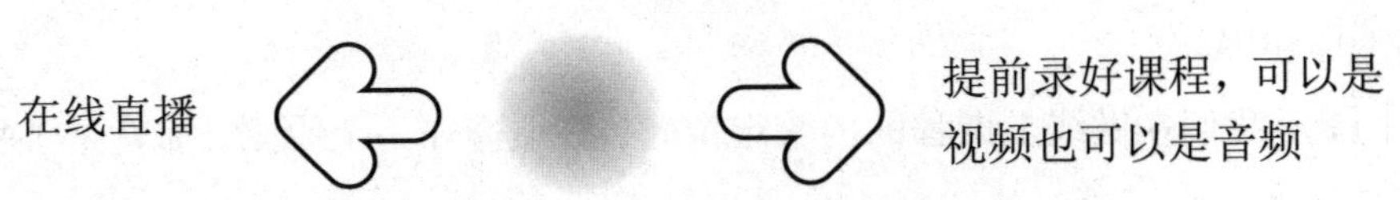

在线直播　　⬅　　　➡　　提前录好课程，可以是
　　　　　　　　　　　　　　视频也可以是音频

图 6-8　线上授课的两种形式

目前，大多数社群运营者选择的都是第二种，即自动播课的模式来进行线上授课。我自己也经常运用这种方法，因为直播授课会遇到很多不可控的问题，比如讲师不能准时开始直播，或者在讲课过程中出现打嗝、清嗓子等现象，影响听众体验。为了避免这些问题，我一般会提前录好课，并在固定的时间播放。

提前录课时，我一般会选择一个比较安静的环境录音或录像，并在录课完成后，对音频或视频进行剪辑和美化，并根据内容添加图片、文字、链接等内容，让课程更加完善。现在，互联网上有很多在线授课平台，如一起学堂、共学互动课堂等。这些平台都能提前录课，并可以和其微信群、QQ群深度结合，我们可以根据自己的需求去选择相应的平台或应用。

看到这里有人可能会问，互联网如此发达，人人都可以用手机和电脑搜索自己想了解的知识，既然如此，我们做线上授课还有意义吗？有人愿意花钱听我们的课吗？当然有，只要我们有好内容！

◇在线授课的内容很重要

由于互联网的发展，人与人之间的信息壁垒正在逐渐消失，我们知道的别人同样知道，经验和技能都可以通过互联网了解。在这种情况下，线上授课真能行得通吗？

其实，我们大可不必担心，信息的壁垒虽然在减少，但它并不会消失，因为人与人的理解能力是不同的，面对同一门知识，有的人理解得很透彻，有的人却只是略知皮毛。就好比老师在课堂上讲了同一道题，有的人能马上理解、举一反三，而有的人却一头雾水。而我们的目标客户正是那些对某方面只是不了解或者一知半解的人，我们通过线上授课，提升他们的学习效率，让他们完全地掌握知识。

因此，我们在做线上课程的内容定位时，必须遵守一个原则，那就是"垂直，垂直，再垂直"。泛泛而谈的内容对用户来说是没有价值的，我们所讲的内容必须是经过细分的、垂直的，我们要根植于一个主题，把与这个主题相关的知识方法和干货通通挖掘出来，只有这样，用户才能从我们的课程中学到东西。

我们在做内容定位时，可以根据自己的能力和实际情况来定，我们可以从自己擅长的领域入手，利用自己的优势。比如，我擅长互联网运营，如果我要开一门线上课程的话，就一定会选择互联网运营相关的内容，并把行业案例、理论、方法和我自己的经验全部融进课程中，让课程内容更丰富、更有价值。

如果没有什么特别擅长的领域，也不要气馁，你可以根据市场需求再做内容定位，看看哪些内容比较热门，用户的需求比较强烈。然后，我们就可以查阅相关资料，并把资料整理成授课内容。

这就像做销售一样，有产品就可以直接卖货，没有产品就要根据市场需求去进货。线上授课的形式比较特殊，它可以让我们直接面对用户，并且能够直接收到用户的反馈，所以，为了提升自己的口碑，我们必须保证自己的课程质量，不断为用户提供有价值的内容。

◇**怎样推广在线课程**

课程内容的打造对很多人来说不是什么难事，但推广课程却难倒了不少人，因为在线课程往往很难保证后续的学习效果，知识的掌握程度与课下的练习时长是呈正相关的，我们很难在课堂以外的时间督促用户复习和练习。在这种情况下，提升转化率和复购率是比较困难的。

关于课程销售，我有以下三点建议，希望能对大家有所帮助。

1. 把授课方式转变成训练营模式

前面我们提到过，单纯地线上授课很难保证学习效果，为了解决这个问题，我们可以把授课方式改成训练营模式。所谓的训练营模式就是陪着用户一起学习，并采取一系列奖惩措施来督促用户学习。比如，每天打开赢奖金、优秀作业奖励、社群内的定期答疑、优秀学员表彰和分享互动等。

总之，我们在讲完理论知识后，要有专门的运营人员带着用户一起复习和练习，这样的陪伴式学习一方面可以提升用户的完课率，另一方面可以提升学习效果。让用户一人学习，他很容易就会被拖延和懒惰打败，一群人一起学，用户会变得更自律，也更有动力。

2. 先圈人，后转化

如果我们要开的课程是高价课，可以采用先圈人，再转化的策略去做课程销售。因为用户也许并不了解我们的课程，也不会立刻花一大笔钱去买课程。此时，我们和用户之间的信任程度还不够。

为了建立信任感，我们可以先用低价课圈人，让粉丝了解我们的课程，然后再通过一系列营销手段引导用户报名高价课程。比如，老师在课堂上做推广植入、试听活动等。不要怕高价课卖不出去，只要我们的课程物有所值，就一定会有用户愿意买单，因为每个人都想提升自己的能力。

3. 培养种子用户群，做分销推广

课程上线以后，我还可以借助种子用户的力量，去做分销和推广。千万不要小看种子用户的力量，有时候，一个种子用户甚至比价值1万元的推广更管用。所以，我们应该积极发展种子用户，并针对他们做深度运营。

我们应该花时间和精力去培训种子用户，让他们找到自己的定位，并坚持向他们输入内容，培养信任感，在和种子用户建立了比较紧密的关系以后，我们还要帮助种子用户扩大朋友圈，赢在分销推广的土壤。种子用户是我们最好的伙伴，如果我们能获得种子用户的信任和喜爱，那么我们的课程和项目就不愁没人推广。

最后，我还是要老调重弹，再次强调内容的重要性，营销手段再高明，内容不好，一切都是白搭。所以，我们在社群线上授课时要始终把重心放在内容上面。

第 7 章　联合超级用户做社群裂变，打造自己的 IP 社群 电商平台

当社群发展到一定阶段以后，就要扩大规模、迎来裂变。从 1 到 0 构建社群很简单，可是从 1 到 10 扩大社群却很难，社群裂变不仅要有充分的准备，还要有恰当的时机，社群裂变的过程中还有无数个"坑"要避开。不过，一旦社群裂变成功，前方就是一片海阔天空！

7.1　什么时候可以开始进行社群裂变?

无论做什么生意，在完成了原始的积累以后，都要考虑扩大经营规模，在原有产品的基础上进行裂变。时下，无论是内容行业，还是电商行业都在谈论裂变，内容行业要做账号矩阵、系列 IP，电商要做平台。

社群当然也不例外，当社群发展到一定阶段，就必须要开始裂变，因为我们要扩大自己的流量池，拓展自己的客户群。我曾经辅导过一名学员，他的社群最开始只有一百多人，后来发展到了七百多人，在这七百多人的基础上，他

开始做社群裂变，在一个社群的基础上发展出了多个社群。随着社群数量和社群成员的增加，这位学员的收入大幅提高，而且新鲜血液的进入，也让它的社群始终保持活跃状态。因此，社群裂变不仅能为我们带来更多的收益，还可以为社群不断注入新鲜的生命力。

有人说，社群裂变的核心是获取流量、是吸粉，在我看来，社群裂变的核心是赢得客户信任，只有赢得了客户的信任，才能获得他们的推荐、转发和介绍，并借此获得更多流量。因此，只有那些经过一段时间运营的、活跃度较高的、群成员之间信任度较高的社群才具备裂变的条件，那种发红包时才有人"冒泡"的"死群"是根本无法进行裂变的。

当我们赢得了客户的信任，并与他们建立良好关系以后，就有了社群裂变的基础。但是，有了裂变基础，并不代表我们已经准备好了。在做社群裂变之前，我们至少要问一问自己下面的两个问题，如果回答都是肯定的，那就代表社群裂变的时机已经成熟了（见图 7-1）。

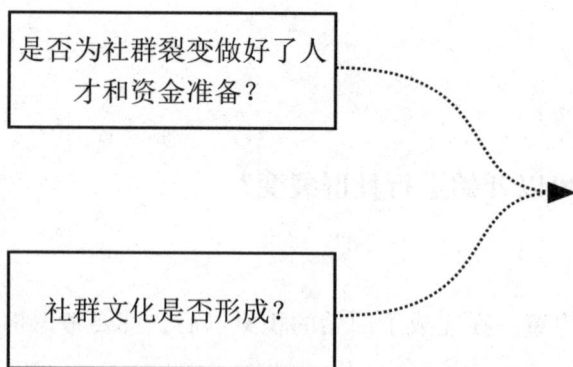

图 7-1　判断社群裂变的时机是否成熟的两个问题

◇是否为社群裂变做好了人才和资金准备？

社群的快速复制和扩张需要大量的人力、物力和财力，我们必须具备充分的人才储备和资金储备，才能进行社群裂变。当社群的规模扩大以后，如果没有足够的运营人才，社群的日常运营就很容易陷入混乱，并对社群口碑造成严重影响。

当社群运营团队扩大以后，我们还要引入经验丰富的企业管理人才，让他们去平衡各个运营团队的关系，去化解团队内部的冲突。有的社群人数多达上万人，管理员就有数百人，如果没有一个完善的组织结构和管理机制，社群的运营很快会陷入瘫痪或各自为政的状态。为了提升社群管理效率、降低管理成本，我们必须做好人才储备。

社群的发展一般都是先慢后快，因为我们要在前期做好沉淀和积累，后期才能爆发。真正运营过社群的人都知道，在很多大社群矩阵中，能始终保持活跃的群只是其中一部分，另外一些群是有事就激活，平时不会特别活跃。有人一定会问：这是为什么呢？为什么不做把社群做大、做活呢？

这是因为，很多社群在运营和裂变的过程中都有人才储备不够的现象，为了保证运营质量，只能分时段分批次地去激活社群。比如，秋叶 PPT 社群在初期扩张的时候就只有 6 个核心活跃群，他们把这 6 个群作为重点运营对象，而其他的非核心社群的运营方法是，在成立的第一个月用"21 天训练营"活动进行激活，随后进入低活跃度的维护模式。

当我们没有足够的人才储备和资金储备时，就不要轻易地去裂变社群，而是要把运营重点放在培育种子客户上。种子客户可以成为社群的"真爱粉"和为新成员答疑解惑的老师，也可以被吸收成为社群的运营管理人员，他们可以帮助我们吸纳新成员并管理社群。等社群裂变的时机成熟以后，我们可以把种子用户放到各个新社群中，让他们在其中发挥作用，引导新社群向良性方向发展。

社群的规模必须与它的运营、管理能力同步升级，如果暂时没有快速裂变的资本，我们宁可走慢一些，也决不能冒进。我们必须记住，社群裂变不能以牺牲服务质量为代价，我们必须为社群的口碑负责。

◇社群文化是否形成？

怎样判断社群文化是否形成呢？我们可以通过社群成员之间的沟通习惯、沟通特点来判断，比如大家聊天时所使用的语气、表情包和互动模式等。如果群成员的聊天模式已经具备了鲜明特征，或者社群内部已经自发地形成了一套规则，并且人人都能自觉遵守时，就说明社群文化形成了。

有的社群有一套自己独有的表情包，有的社群有一些内部成员才懂的"梗"，还有一些社群有一套自己的行为准则，这些都是社群文化，也是社群能保持生命力的关键因素。当社群形成自己的文化，并能够感染新成员时，社群的模式就可以被轻松复制，我们做社群裂变时就会轻松很多。

很多社群在做裂变时，都会把一部分老成员放到新群中，这种做法就是一种"传染"和"复制"，新成员入群时老成员会给予引导，并且会把社群文化复制到新群中，让新成员在潜移默化中被影响，迅速对群文化产生认同感。

我必须要强调的是，在社群裂变的过程中，群文化的基因必须要传承和复制下去，只有这样，社群在发展的过程中才不会背离初衷。

当我们赢得了客户的信任，并和他们建立了信任关系，就有了做社群裂变的基础；当我们准备好了社群发展所必需的人才储备和资金储备时，我们就有了做社群裂变的条件；当社群文化形成时，我们做社群裂变时才会事半功倍！

7.2   从小社群到大社群会遇到哪些"坑"？

从 1 到 0 构建社群很简单，可是从 1 到 10 壮大社群却很难，我曾经做过很多社群，有些"活"了下来，也有很多"死"在了半路上。如果运营出现了问题，社群的生命周期将会大大缩短。

在社群裂变的过程中，我们会遇到很多的"坑"，如果我们不能学会避开这些"坑"，就会让自己的社群"英年早逝"。我总结了社群裂变过程中的五大坑，它们分别是：焦点被模糊、价值稀释、凝聚力丧失、管理死板、无聊乏味。

下面，我们具体来看看这些"坑"是怎样造成的，以及我们应该怎样避免（见图 7–2）。

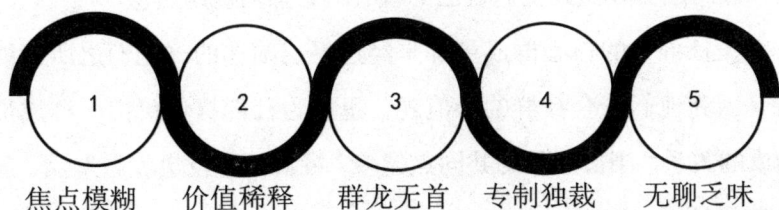

| 1 | 2 | 3 | 4 | 5 |
| 焦点模糊 | 价值稀释 | 群龙无首 | 专制独裁 | 无聊乏味 |

图 7-2　社群裂变过程中的五大坑

◇焦点模糊

有的社群会在裂变过程中逐渐模糊焦点，失去自己的定位，什么人都可以进，什么话题都可以聊，新人和大咖、外行和内行、粉丝和"黑子"（指反对者）等各种层次、各种类型的人混杂在一起。这样的社群要么变成一个聊天灌水群，要么变成充斥着广告的"死群"。

社群的焦点之所以会被模糊，是因为在裂变的过程中没有设门槛，而是快速地、大量地拉人进群，导致群成员的成分复杂，无法聚焦于目标人群。随意拉进来的群成员之间很难有共同话题，也不容易产生情感共鸣，把他们强行聚在一起很容易造成自顾自聊天，或大面积退群的结果。

我们在裂变新群的时候，要首先考虑这个新群的定位和主题，以及进群方法和分享机制，只有这样才能有针对性地吸纳新成员。很多人在做社群裂变时，只会盲目地建新群和拉人，根本没有考虑过群的定位、功能和运营策略。于是，很多新成员进群后发现群里没有有价值的东西，只有几个运营者在上蹿下跳，他们只好失望地选择退群。

还有一些特殊的临时性社群，它们建群的目的很明确，就是为了让行业大咖做临时性的分享，当分享结束时，临时群就会解散。可是有些运营方总觉得解散了很可惜，想把这些临时群留下来，但问题是这些临时性的社群并没有定位和聚焦，即使留下来也会慢慢变成"死群"。面对临时群，正确的做法应该是把表现积极的成员导流到我们自己的核心群，然后就地解散。

每一个大社群中的核心群成员都是经过层层筛选的，他们之所以能够成为核心，就是因为他们符合社群的价值观，也能为社群提供价值。群成员和社群是相辅相成的关系，当群成员的共同点越多，社群的定位也就越聚焦、越清晰。

◇价值稀释

当新成员不断涌入一个社群时，有可能会让社群越来越活跃和壮大，也有可能会让社群的价值逐渐被稀释，最终的结果取决于新成员的质量，这里所说的质量是指这群成员与社群定位是否相符。

我们不妨想象一下，如果一个电影发烧友社群中涌入了一批对电影本身不感兴趣的人，他们每天在社群里聊天和发广告，不分享与电影相关的任何内容。那么，真正热爱电影并坚持为社群创造内容、输出内容的核心成员就会感觉到社群的价值越来越低，并最终选择离开。当第一批核心成员离开后，后面的成员会觉得社群价值进一步降低，在这种恶性循环之下，社群会慢慢变成一个聊天群或者广告群。

我把这种现象成为"价值的稀释"，这种稀释非常可怕，它除了会让群成员流失之外，还会降低社群的"热度"，让社群彻底"冷却"。造成社群价值被稀释的原因也是因为运营者在社群裂变的过程中没有设置门槛。

怎样避免这个坑呢？答案就是，加强社群的封闭性。在第一章中，我们就强调过，封闭性是一个优质社区必须具备的特征。因为，封闭性意味着门槛，而门槛则为我们提供了筛选成员的机会，通过筛选我们可以筛选出水平更高、与社群调性更相符的群成员，让他们成为社群的新鲜血液，而不是社群质量的稀释者。

封闭性越强的社群对成员的要求越高，进群方式一般为邀请制、推荐制或者付费制，很多商业社群或者学术讨论群都属于封闭性社群，这样的社群往往有着很强的凝聚力，群成员也更愿意自觉遵守规则、维护秩序。

◇群龙无首

盲目地去中心化会让社群的凝聚力慢慢丧失，变成一盘散沙，我认为社群中必须要有一位具有影响力的群主或者管理员，他 / 她可以起到引导和组织的作用，让社群的管理更有序，群成员之间的沟通更顺畅、联系更紧密。

社群的定位再清晰、群成员质量再高，如果没有人管理和维护，也是无法持续运营下去的。我们常常提到社群的"自运营"，于是很多人误以为自运营就是没有制度、没有管理人员，一切全靠社群成员的自觉。这种理解是不正确的，自运营指在形成某种机制后，社群运营变得更轻松，而不是指不需要人运营。

每个社群都需要群主或群管理员来组织话题、发起活动、维护秩序，否则，社群很容易变成广告群和灌水群。因为总有一些人不愿意遵守规则，需要管理员及时制止。如果有人经常在群里发广告或垃圾信息，又没有人及时处理和制止，那么跟风发广告和灌水的人就会越来越多，这就是所谓的破窗效应。

社群是一个由人组成的群体，而每个人都有自己的意志，所以我们需要一个人或一个团队来统一大家的思想、规范大家的行为，以便让社群更好地成长。群龙无首的社群终究会成为一盘散沙，有组织、有纪律的社群才能够长久地生存下去。

◇专制独裁

和群龙无首相对应的是专制独裁，有的群主或管理员在管理上过于严苛和专制，会让群成员感到压抑和束缚，也会让社群内的氛围变得过分严肃和无趣，进而使社群逐渐失去活力。

有些社群因为深受广告之苦或者人数太多，群主为了便于管理而制定了严格的群规，并且处处约束群成员的言行。虽然，群主的出发点是好的，但是过于严格的群规和过多的约束很容易引发争议和反感情绪，比如，有一位群主不允许成员在群内发布与主题无关的内容，也不允许讨论与主题无关的话题，而群成员却觉得只聊专业话题太无趣，群内的氛围应该轻松活跃一些，因此不认同这条群规。

站在群主的角度上，严格的群规更容易管理，规则越灵活，"度"就越难把握，管理的难度也会随之增加。因此，群主必须具有一定的管理能力，并找到社群规则和社群氛围之间的平衡点。而找到这个平衡点最好的方法就是把群规拿出来，经由大家讨论并通过后再执行，这样一来，群成员对规则的认同度会更高，也更愿意遵守。

我们在管理社群时千万不要搞"一言堂"，要争取大多数群成员的支持。说到底，社群是一个平等交流的组织，管理者只是其中的一个分工角色，而不是一个阶层，社群的管理者应该用平等的态度和群成员交流和沟通。

一个社群中既要有规矩，也要有轻松的氛围，社群管理者要避免过于强势和专制的管理方式，要在"民意"和群规之间找到平衡，发挥管理的艺术，让社群变得更加和谐。

◇无聊乏味

一个长时间没有"动静"的社群会让群成员感到无聊和乏味，想让社群变得有声有色就要定期举行活动，如果一个群里总是只有几个活跃的人，大部分群成员会很快失去新鲜感。

我们可以定期在群里组织分享活动，每周定一到两个主题，由圈内的大咖或者外部引入的行业专家来分享和答疑，每次用时 1–2 小时，期间还要邀请群成员共同交流讨论，让群成员有参与感。

任何一个人数超过 50 人的社群，如果没有定期的活动把大家组织起来一起互动、协作和讨论，社群就没有熟知度和凝聚力，社群成员也不会对社群产生归属感，这个社群的生命力也会很快衰退。定期的活动可以加强群成员身份上的认同感，让他们愿意长时间地待在群里。

如果社群的人数少于 50 人，那么不需要刻意地定期组织活动，社群的生命周期也可以很长，因为这样的小社群中，成员之间的距离更近，平时交流的机会也更多。如果我们运营的是这样的小社群，组织活动的频率就可以稍微降低一些，只需要在平时的运营中做好维护工作就可以了。

此外，社群长时间没有新人进群，是社群开始走向沉寂的标志，任何组织都需要来自外部的"新鲜血液"，因为没有新人就意味着没有新的活力，社群中的气氛会逐渐变得无聊和乏味。我们可以定期引入一些活跃的新人，让他们来带动社群的气氛。

以上就是社群裂变过程中可能会遇到的五大坑，我们在做社群裂变的时要为社群设置门槛、筛选合适的成员，以保证社群的定位不被模糊，价值不被稀释。除此以外，我们还要掌握管理群的艺术，在"严格的管理"和"轻松的氛围"之间找到平衡，并定期组织社群活动、引入新人，让社群保持新鲜和活跃。如果我们做到了这几点，社群的扩张和裂变一定会变得更为迅速。

7.3 激活人脉：让你的客户自动自发地帮你拓展客户

转介绍和拓客是社群营销中的一个重要环节，要做好这一环节，我们必须要积极拓展自己的人脉，并通过人脉资源找到更多精准客户。最重要的是，我们要激活员工和客户，让他们自动自发地帮我们拓展客户。

著名的销售大师乔·吉拉德曾经说过："只要你赶走一个顾客，就等于赶走了250个潜在顾客。"他为什么这么说呢？有一次乔·吉拉德去参加一个葬礼，并按照惯例向参加葬礼的所有人发放自己的名片。当葬礼结束回到家中后，乔·吉拉德突然想起自己曾经参加过的好几个葬礼，每次在葬礼中发出的名片数量都是250张左右。由此，乔·吉拉德得出了一个结论："人的一生中，交往并发展出真正人际关系的人数是250人。"基于这个结论，乔·吉拉德提示出了本段开头的著名理论——250理论。

250理论也是转介绍和拓客的核心原理，这个原理告诉我们，要获得转介绍就要从身边的人脉入手。对做社群的人来说，老客户和员工就是身边的最佳拓客渠道。那么，我们要如任何激活老客户和员工，让他们为我们转介绍呢？下面是我总结的几大策略，希望能对大家有所帮助。

◇把产品和需求研究透彻

想让客户自发地为我们转介绍、拓展客源，就要把产品和需求研究透彻。产品代表客观事实，而人性则代表主观情感。

产品是每个人都需要的大众消费品，如果我们的产品能正好戳中潜在目标客户的痛点，他们就会关注产品、选择产品。当然，研究产品是一项全方位、多维度的工作，我们必须从客户、市场以及产品本身出发，去分析和研究产品。

从需求的角度来谈转介绍，就是要关注老客户转介绍的原因，他们为什么要帮我们介绍新客户？他们有什么利益诉求？我们在设计转介绍机制的时候要充分考虑老客户的利益和需求。

如果，老客户转介绍的原因是好面子，那么我们就要在转介绍机制中设置荣誉和奖励。还有一些老客户转介绍是为了获得价格上的优惠，那么我们在设计转介绍机制时就要加入一些优惠政策。也有一些是出于纯粹的分享心理而把自己认可的产品介绍给身边的朋友，这说明我们的产品打动了客户。

如果我们的转介绍机制能够恰到好处地挠到客户的"痒处"，满足他们的利益诉求，那么他们在做转介绍时一定会更加积极，我们获得的客户资源也会更多。因此，我们在推动老客户转介绍时，一定要充分研究客户的心理和消费行为，从中发掘出他们的需求。

◇**转介绍者和成交者的角色要分开**

转介绍是成本最低的获客方式，维护好老客户的成本要远远低于大规模投放广告的成本，很多企业和商家都明白这个道理，也都寄期望于老客户转介绍，希望老客户能帮自己一次性搞定拉新、转化和成交。在我看来，这样的想法是十分不实际的，而且会对老客户造成伤害。

为什么这么说呢？因为，在转介绍行为中，如果转介绍者能站在新客户的立场上，维护新客户的利益，那么转介绍会更容易成功；如果转介绍者站在企业或商家的立场上，去向被客户推销产品，那么转介绍的难度也会随之增加。

所以，我们要把转介绍者和成交者这两个角色分开，让转介绍者站在新客户那一方，树立自己的客户立场，把成交交给专业的人去做。把转介绍者和成交者这两个角色分开，不仅能让老客户少一些顾虑和压力，也有利于提升转介绍的成交率。

我们在设计转介绍机制时，要明确转介绍者的立场，他们不是在帮我们卖货，而是在帮朋友解决问题和争取福利，所以我们要尽量降低转介绍者的风险和压力，不要把成交的压力放在他们身上，只要他们能为我们带来客流，我们都要给予一定的奖励。

当然，也有一些老客户愿意主动帮我们成交，对于这样的客户，我们要给予更多的回馈，还要想办法把他们发展成会员、员工或者合伙人。

◇**形成客户自循环系统**

所有的生意都要经过四个阶段，第一个阶段是让更多的人来，第二个阶段是让来的人都买，第三个阶段是让买了的人再来，第四个阶段是让买了的人再介绍人来买。只有经历了这四个阶段，我们的客源才能稳定而且源源不断。

那么，怎样才能达到这个境界呢？答案是形成客户自循环系统，首先我们要把潜在客户变成粉丝。然后，再借助会员系统让粉丝变成客户。客户可以在我们的社群内从初级会员成长为高级会员，最后，客户甚至有可能成为我们的合伙人。在客户不断成长的过程中，每一个环节都会形成复购和转化，也会不断吸引新的潜在客户。如果我们能规划好客户的完整成长路径，那么客户自循环系统也会自动形成（见图7-3）。

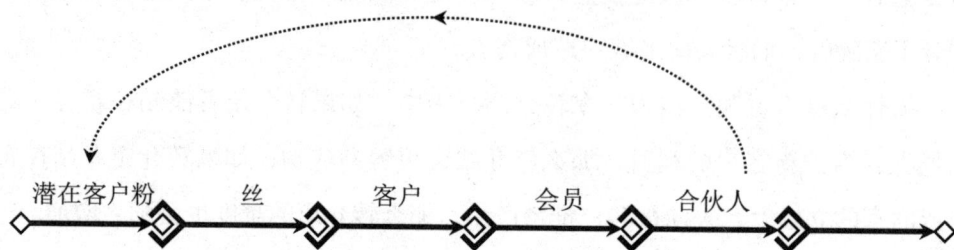

图 7-3　客户自循环系统

◇让转介绍变得愉快

每一次成交都是为了下一次，但是只有愉快的成交，才会带来下一次成交。转介绍成交也同样如此，令人愉悦的沟通和令人满意的成交结果，才能带来更多的转介绍成交。所以，我们说愉快的成交是转介绍和复购的基础。

成交是从令人愉悦的沟通开始的，所以要注重沟通的话术和产品的文案，不仅要让老客户有转发的冲动，还要能在第一时间抓住新客户的眼球。能够让人愉快，除了巧妙的话术和文案以外，还有助人为乐的快乐，每个人都有利他心理，帮助他人能使人们获得满足感和愉悦感，我们应该充分利用这种心理，去促使老客户转介绍。

说了这么多，应该怎样做呢？下面的三个步骤可以让转介绍变得更愉快。

1.设置容易转介绍的产品

我们可以从自己的产品中选出一个最容易传播、最容易转介绍的产品放置在前端，这个产品必须是满足大众需求的、适合推荐给身边朋友的。设置这样一个产品的目的是让转介绍的效率更高，因为这样的产品适用范围广，让客户推荐起来更轻松。

2. 设计转介绍话术，优化产品文案

如果老客户在做推荐时还要自己想话术、自己编文案，那么他们转介绍的积极性就会大大降低，所以我们要帮客户设计好转介绍的话术和产品文案，让他们只需要动动手指就能把产品传播出去。

3. 构建合理的奖励、优惠体系

老客户帮我们带来了新客源，我们必须要给予奖励。转介绍奖励包括物质奖励、精神奖励和特权奖励。

物质奖励是指返现、优惠券、折扣等金钱上的奖励，当老客户介绍了新客户进群以后，我们可以给老客户一些折扣券或者限时优惠的奖励，如果转介绍客户成交了，那么奖励的力度可以更大一些。总之，只要老客户带来了新人，我们都要用一定的物质奖励对他们表示感谢。

精神奖励主要用于满足客户的心理需求，我们可以在群里表扬那些积极转介绍的老客户，给予他们一些荣誉或者让他们在社群内担任一些职务。有些客户转介绍并不是为了物质奖励，而是真心想帮助别人，所以我们要让他们获得心理上的满足感。

特权奖励是指给予客户一定的特权，比如拉人进群特权、优先购买特权或者抽奖特权等，这些特权奖励不仅可以给积极转介绍的老用户物质上的利益，也可以让他们获得心理上的优越感。

除了使用这些方法以外，我们在平时的运营中就要注意维护好客户关系，因为老客户的信任是转介绍成功的大前提。

7.4 打造 IP 社群电商，投身新零售大潮

"社交电商"是 2018 年的营销关键词之一，顾名思义，这种新型电商模式是建立在社交裂变之上的，具有强连接社交关系的社群可以说是开展社交电商业务的最佳土壤，很多企业都进行了相关尝试。

比如，2017 年 11 月，瑞幸咖啡创立成功，在近一年的时间里，瑞幸便成为国内仅次于星巴克的咖啡连锁品牌。这种裂变式的成长方式自然离不开其"裂变拉新"的营销模式。瑞幸的"赠杯"活动让老客户在购买咖啡之后便可以通过微信将杯子赠送给自己的朋友，因此吸引了一大批消费者，其用户增长率也在一段时间内持续飙升。

仿佛一夜之间，瑞幸咖啡在中国的各大城市拥有了不可小觑的门店数量，它的出现和扩张，使得不少人惊叹。而拿到了 2 亿美金融资的瑞幸自然也是财大气粗，用广开门店的方式来快速占领市场，用咖啡补贴和低价来吸引消费者，想要取代星巴克在中国的地位。星巴克不甘示弱，与阿里巴巴联手进军新零售。

瑞幸咖啡依托微信，通过微信使用者的社交关系来塑造口碑，微信小程序开放后，连咖啡又借此迅速推出了拼团和口袋咖啡馆等功能，让使用者可以在玩游戏的同时进行咖啡消费。

其中咖啡"拼团功能"可以无限进行，相比于其他品牌的独立下单更具社交性，拉近了消费者与消费者之间的关系，给予消费者新奇的体验，上线 3 小时内就吸引了近 10 万人拼团购买，将新品的库存销售一空。

瑞幸咖啡之所以能够在星巴克的包围中突围成功，与其注重社交裂变的运营理念是分不开的。从瑞幸咖啡的成长经历中，能看出社交裂变不仅为瑞幸咖啡带来了人气与流量，更是为瑞幸咖啡带来了牢固的用户关系链。

随着流量成本的不断提高，企业辛辛苦苦积攒的流量很可能会被淘宝、京东等电商平台轻松抢走，很多电商平台已经出现了流量向头部品牌的聚集效应。而社群运营则不同，在社群中获得的流量都属于企业自己，积攒的流量就相当于创办了属于自己的流量池，企业可以将这些流量转到线上，也可以设法提高复购率，总之选择权掌握在自己手上。

在互联网时代，社交关系是一道强有力的保护墙，只要打通社交关系链，再加上 IP 作为入口，流量和转化问题都会迎刃而解，因此，很多企业都选择了IP 社群电商。

◇社群电商的本质

将社交和电商结合到一起，就是社交电商，它是一种媒介，是传统零售人、货、场之外要增强的第四级，也就是从人货场到人货场介。

传统零售如同大卖场，人要追着货走，当我们想要买一件东西的时候，必须主动找到那里才能买到这件东西，然后货跟场走，彼此之间的关系不紧密，甚至是分裂的，介（媒介）的存在感非常低，门面充当的就是媒介的作用。

到了电商时代，场便"消失"了，它转化成我们手里拿的手机，变成货找人。而社交零售时代的核心则是人跟人走，所谓的场、介（媒介）都被包含于人与人之间的沟通当中。

那么媒介到底有什么作用呢？通常情况下我们将消费者购物场景分为以下四种：

1. 急需

举例来说，当我们逛商场感到口渴时，就会想到去买瓶水喝，这就是当下我们紧急的需求。

2. 补货

这种情境下我们并没有那么着急，举例来说，我们做饭的时候忽然发现醋快要用完了，于是便提醒家人记得路上帮忙买一瓶醋回来。这种需求不是马上必须要满足的，是接下来不久就要用到的东西。

3. 囤货

这里所说的囤货与"双十一"的囤货不同，它指的是家庭的大宗采购。举例来说，周末时我们常常和家人一起去商场购物，将下周一周的必备品采购回来。

4. 逛街

很多女孩子都喜欢逛街，她们知道自己要花钱，但并不确定自己究竟要买什么，因此只是先逛一逛。

随着零售业的发展，这四种购物场景出现了两极化，补货和囤货场景逐渐变少，而急需场景和闲逛场景却越来越多，人们时不时地就想打开淘宝看看有什么新鲜东西。

社交电商的"介"其实并不在四大购物场景之中，我们将它称为触发式购物，触发式购物与闲逛有一定的区别，闲逛是指有花钱的计划，但不知道究竟买什么，而触发式购物则是根本没计划花钱，但最终却花了出去。

举一个典型的案例，就是抖音，抖音的评论区很多人说"这个视频是骗我花钱的。"因为在看视频的过程中不知不觉就会产生花钱的冲动，然后接着会到淘宝去搜抖音同款，有些商品甚至在抖音视频中就会给出链接，方便我们购买，这就是通过媒介触发购物场景的典型代表。

◇ IP 社群电商的三条路径

社交新零售该怎么"玩"呢？

这个问题其实没有标准的答案，更没有具体的概念，但总有一些思维方法和路径值得我们来参考，进而利用到实际中实现本土化。

社群的重点其实在于"社群"二字，所有要建立一个社群、打造一个IP，然后让产品深入渗透到客户的社交生活中。

1.打造一个 IP、建立一个社群

社群电商需要一个入口，最适合入口非 IP 莫属，IP 可以是产品、品牌，也可以是网红和行业 KOL。比如，KEEP 上的健身达人们就是一个个小的 IP 入口，他们通过分享自己的健身经历和健身知识，吸引了大批粉丝。得到 APP 除了有罗振宇这个大 IP 以外，还有无数个小 IP，这些 IP 都是行业 KOL，他们一个人主理一个付费栏目，几个月下来能获得超过 10w 的订阅量。打造爆款 IP 的具体方法，前面的上章节中已经详细阐述过，这里就不再重复了。

有了 IP，还要有社群，淘宝上卖女装的一些网红店主，都有自己的社群，他们通过社群与客户建立关系，并把客户留存下来。社群如同一个大聚会，人们每天在这里进行沟通，遇到节假日等比较特殊的时节还会进行促销，或者征集大众代言，当然，社群要以产品为基础，让大家一起见证产品的成长，同时也让企业或商家与消费者建立强大的关系基础，这样消费者的购买力才会增强。

IP 用来吸引流量，然后通过社交网络进行精准引流，保证一定的存活率，进而让大家共同建立起坚实可靠的社群，最后通过社群的辐射和裂变，将小小的社群发展成为一个城邦，甚至是商业帝国，形成神话级别的销售奇迹，这很可能也是未来的商业走向。

2.让产品深度渗透客户的社交生活

想要深度渗透到消费者的社交生活中，就必须把自己打造成一种社交方式，或者让自己成为热点长久存在。

微信上的"跳一跳"游戏曾经红极一时，各大商家也纷纷与其展开合作，游戏中的跳一跳小人一会儿跳到星巴克上，一会儿又跳到天猫盒子上，或者超市屋顶上，只要人们玩这款游戏，就会对品牌加深记忆，产生关联兴趣。而且，这些商家还会根据游戏排名，给玩家发放一定数量的优惠券，实现线上和线下的互通，将游戏社交落实到实体买卖上来。

除此之外，直播也是一种常见的社交渗透方式，借的就是短视频网红的力，口红一哥李佳琦就是个典型的案例，他每天通过涂口红的方式与粉丝互动，久而久之，李佳琦的每日一涂成为很多人日常消遣的娱乐产品，大家纷纷在评论区给他留言，询问口红的价钱和购买方式，很快，一条口红供销一体产业链便形成了。

产品必须要渗透进人们的社交生活，成为社交话题的热点，例如小米手机、苹果手机等。这些产品的品牌理念和运营方式便让它们成了社交话题的热点，是人们日常交往常见的话题之一。尤其是小米手机，其"社交"属性一直存在于产品理念当中，从最初的种子用户，到之后的用户长期社交理念，成了非借力社交网络的社交成功代表。

真正的社群电商不应该只是单纯地从社群中借力，而必须与消费者形成真正的互动，这样才能长久生存，形成社交性关联。

移动互联网时代的社交工具和方法都在不断变化和更新，传统实体零售和传统中心化电商、品牌商和平台已经来到了新的起点，企业也需要拥抱新思维，适应新模式，发展自己的 IP 社群电商，积极投身于新零售的大潮中。

第8章　IP社群变现，总有方法能让你盈利

> IP社群变现说难也难，谁简单也简单，只要你能找对方向，并坚持熬过一段阵痛期，就能实现社群变现。社群变现的成败关键不是规模，而是产品、社交和内容，所以我们必须打造好产品、输出好内容、重视与客户的关系。只要抓住这几个重点，你总能找到一种盈利方法。

8.1　为什么有些IP社群规模很大但很难变现？

有一种社群，它的规模明明已经很大，可是却不赚一分钱，对运营者来说，这样的社群解散了太可惜，变现又找不到突破口，只能卡在一个不上不下的尴尬境地。变现，是社群发展过程中的一道坎，跨过了这道坎就是海阔天空，而跨不过去就会功亏一篑。

"为什么我的社群变现这么难？"很多做社群的伙伴都会发出这样的感叹，是啊，社群变现的确是一个大难题。

社群变现真的很难吗？好像也不难，罗辑思维社群仅会员付费这一项收入

就可以一次性入账近千万；一个母婴群里9块钱的育儿资料可以卖到近百万的销售额。有的社群做付费入群，从社群建立起第一天就开始变现；还有的社群攒够了百万名用户后才开始变现，盈利在短时间内爆发性增长。

这样看来，社群变现是不是很简单呢？当然不是！在社群的发展过程中，有太多的不确定因素，我们要针对这些不确定因素去不断地调整自己的运营策略，为自己的社群找出适合的发展路线，所以社群变现不是一件容易的事。很多人只看到了社群变现之后的光鲜，却没有看到社群变现之前的艰辛。

在日益浮躁的商业环境中，愿意坚持做深度运营的社群并不多，在看到收益之前，很多人都不愿意付出和等待。这其实是一个悖论，不付出，又怎么会有收获呢？在我看来，变现难的最根本原因是过程的缺失。

◇**变现，必须要经历一段阵痛**

社群变现的难点在于，如何让用户参与到变现行为中来，那么在社群变现的过程中，就需要有一个让用户接受的过程。

我曾经运营过一个基于兴趣聚集的女性社群。销售在用户很活跃的时间点进行了粗暴的广告销售，强制用户参与，导致用户非常反感，但这些都在预料之中，因为这是社群变现必经的一段阵痛，我们必须熬过去，并在此基础上调整策略。

在这之后，社群的运营根据用户的反应，调整了广告的内容以及发布方式，把广告变成为社群量身定制的内容，慢慢地，客户逐渐开始接受广告，甚至愿意主动参与到活动中去了。

社群变现的结果是诱人的，这不仅表现在投入产出比上，更包括变现过程中出现的意外和惊喜，比如口碑的积累、裂变的产生与发展、用户的复购等等。不过，社群变现对于运营的要求较高，需要他们能够找到和理解社群变现背后的规律。

社群变现之所以难，是因为缺失了一段过程，很多运营团队都没有走出那一段必经的阵痛。

◇人多不一定好变现

在本节的开头，我们提到有些社群规模很大，但却面临变现难的问题。有人一定会纳闷：人多不是更好变现吗？事实上，社群的规模大并不代表变现更容易，社群变现也不仅仅是依靠大规模的人群来实现的，下面的例子正好说明了这一点：

我曾经作为广告主在两个社群投放过广告，这两个社群一个是以线下活动为主的小规模微信群，另一个是用户非常多的知名大社群。我在这两个社群里投放了相同的内容，可是得到的结果却出人意料：知名大社群的转化情况还比不上 200 人不到的小微信群。而且，那个大社群还运用了好几种渠道来给我的产品做推荐。

这个例子证明了，人数多并不是社群变现的必要条件，社群变现影响因素有很多，其中运营是非常重要的因素。因此，我们在扩大社群规模的同时，要保证运营质量，同时要为以后的变现做好准备。

要知道，扩大规模、增加人数不是我们的最终目的，变现才是。我们在为社群吸纳新成员时，必须要考虑很多问题，比如社群成员的入群目的是什么，社群能给用户带来什么价值，这种价值是否足以让用户付费等等。

社群变现不光靠人，如果我们不注重社群的运营，不考虑其他因素，只会一味地"拉人头"，那么社群的变现之路势必会变得异常崎岖。

那么，影响社群变现的真正要素有哪些呢？

◇影响社群变现的三大要素

内容、社交和产品是影响社群变现的三大关键因素，我们在平时的运营过程中，要狠抓这三大要素，为社群变现打好基础（见图 8-1）。

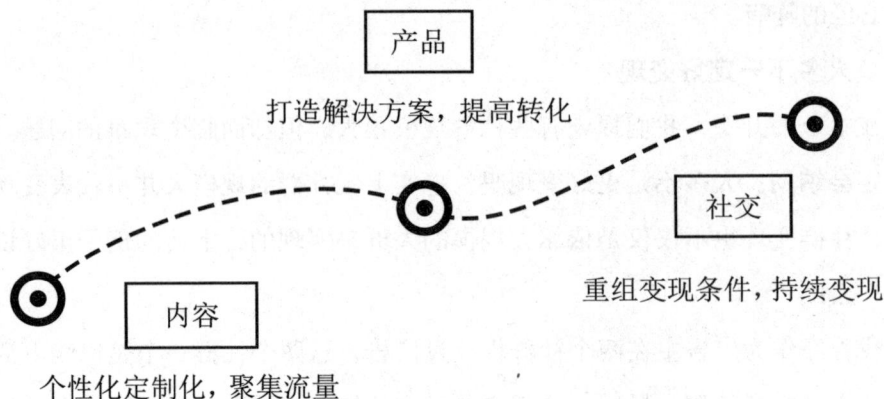

图 8-1　影响社群变现的三大要素

1. 内容——个性化定制化，聚集流量

对于客户来说，千篇一律的内容并不能吸引他们的注意力，也无法达到营销的目的，所以，定制社群内容的重要性就不言而喻了。

客户需要的是个性化定制的内容，这里的内容不是作为产品的内容，而是以导流为目的的、吸引眼球的内容。这些内容必须要能够在第一时间打动客户，并把他们吸引到我们的社群中来。

"一稿群发""一稿多用"的模式已经被淘汰了，我们不能在微信公众号上、微博上、知乎上发相同的内容，要为每个渠道定制不同内容。社群也是一样，我们要为客户专门定制内容，用特定的内容吸引特定的客户群体。

2. 产品——打造解决方案，提高转化

重点打造单品的价值，是社群在变现过程中的普遍做法，但对于用户来说，他们的选择有很多，市场上可替代的同质化产品不计其数，所以，他们最终选择的是自己最熟悉、购买途径最方便的产品。有时候，我们所突出和强调的产品价值，对客户来说似乎并没有多大的吸引力。

如果我们换个思路，把产品延伸、整合成一个完整的解决方案，是否能更加贴合用户的需求，增加他们的付费欲望呢？我想这个方法一定是可行的，比如，客户在社群中购买了一个课程，在享受课程的同时他还能与讲师互动，与同行一起进行实操训练等。一个单一的课程产品并不能解决客户的所有问题，而一套完整的解决方案则可以满足客户的多方面需求，为他们提供更大的价值。

产品除了是可消耗的商品，还可以是内容、活动、工具以及解决方案，我们要打开自己的思路，为社群打造独特的产品，并塑造真实的、客户认可的产品价值，这也是社群变现中最关键的影响因素。

3. 社交——重组变现条件，持续变现

在成功聚集社群流量，并有了产品之后，就可以用各种方式进行变现了，变现的方式包括但不限于付费培训、会员制、产品闪购、众筹众包等。然而，这些变现方式都不具有持续性，想要实现持续性变现就要依靠社群社交的力量。

社交可以让价值产生流转、让资源发生交换，在这个流转和交换的过程中，变现的条件被重组，并由此衍生出很多新的变现方式，比如 C2B 模式等。在我们和客户互动社交的过程中，产品的口碑和传播度、客户的信任度也会不断增加，转化率也会因此而上升。不断产生的新的变现方式和不断增长的转化率，让社群变现拥有了可持续性。

◇**关于社群变现的两个思路**

关于社群变现，我有三个思路要分享给大家，这三个思路能帮助我们增加变现成功的概率，当我们在变现的过程中遇到困难时，不妨看看这两个思路，也许会获得一些启发！

1. 思路一：在社交过程中加入变现环节

客户在社群内的互动，实际上是一个投入时间、精力、成本的过程。在社交发起、打散、重组的过程中，我们可以适当地投入变现因素，从而刺激用户参与变现。

内容在社交过程中的作用很大，具有辨识度的 IP 尤为如此。在一些社群变

现的案例中，吴晓波频道的例子比较典型，他们对于 IP 的变现延伸所做的探索，
也很有参考意义（见图 8-2）。

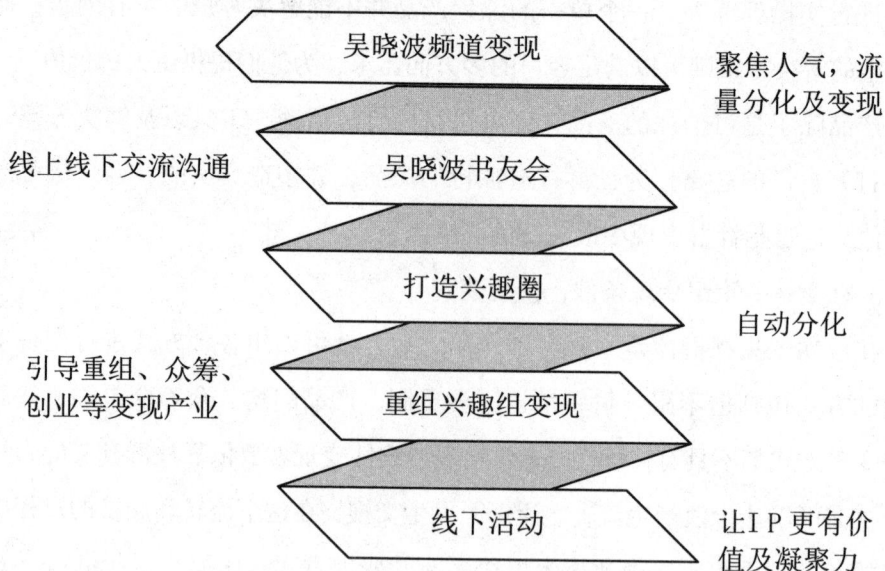

```
┌──────────────────────────┐
        吴晓波频道变现            聚焦人气，流
                               量分化及变现

线上线下交流沟通      吴晓波书友会

              打造兴趣圈          自动分化

引导重组、众筹、
创业等变现产业      重组兴趣组变现

              线下活动           让 I P 更有价
                                值及凝聚力
```

图 8-2　吴晓波频道社群变现模式

这个社群主要是基于"吴晓波"这个 IP，其中聚集了很多书友。社群运营
者利用一些线上线下活动的刺激，使得书友群的规模不断扩展，并且开始分化，
形成各种各样的兴趣圈，这也是社群普遍经历的过程。

然后，运营者再通过一些有趣的活动来重组这些兴趣组，比如创意、旅游、
创业等等。最后，再在这些重组的兴趣组内组织一些活动，比如慈善活动、咖
啡厅改造等，来实现社群变现。

社群能够通过社交互动来推动群体的不断重组，在这个过程中变现的载体
会变得更加丰富，可能是消费，也可能是有趣的活动，甚至是一次工程等。所以，
我们可以认真思考社群的互动和重组过程，从中找到变现的契机。

2.思路二：布局更多的变现维度

社群变现要扩展更多的维度，还是更适合坚守一个价值产品？事实上，单一的变现方式往往会在一段时间后逐渐失去客户的青睐，虽然这并不代表这个产品的运作周期到此结束，但是在这段时间，也需要扩展更多的维度来延伸产品的价值。

其中，最典型的案例就是罗辑思维，罗辑思维曾尝试过各种各样的变现产品以及各种各样的变现方式，包括会员收费、卖书、定制产品、拍卖广告等。其实它所做的每一种尝试，都是在扩展更多的维度来挖掘社群用户的需求，并推动产品的价值延伸，从而促进社群的持续变现。

产品转化的过程、社交的持续推动过程以及多维度布局的社群变现的过程，也是社群不断发展和完善的过程。一个社群难免会走向消亡，当其价值逐渐消失，不再满足客户的需求时，社群也就没有了存在的价值。当社群的维度不断增加，其生命力也得到了增强。

社群变现不是一个步骤，而是一个过程，需要许多因素共同作用。社群的变现不可能一蹴而就，它需要我们在日常运营中一点一滴地积蓄力量。

8.2　产品变现：打造最具话题性的爆品

从产品本身的角度来说，功能只是其基础，能否成功变现，则与营销有关。传播力强、有社交性的产品才有更多的变现机会。

2019 年 7 月，马应龙口红火爆网络。以痔疮膏闻名的国货品牌马应龙跨界彩妆，推出 3 款口红，并在天猫旗舰店上线。

马应龙打出的广告语是：今夜我们都是马应龙女孩。不好好卖痔疮膏，突然改卖口红。从痔疮膏到眼霜，再到口红，马应龙完成了"从下到上"的转身。这并不是马应龙第一次的突破，但是马应龙每一次推出的跨界产品都话题性十足，而且都能创造良好的销售业绩。

马应龙虽然是老品牌，但是它在年轻群体中有不小的影响力，销量也在同类产品中一骑绝尘。据相关数据显示，2018 年马应龙在痔疮药品零售终端市场占有率提升至 51.4%，处于绝对的龙头地位。

随着"95 后""00 后"越来越成为消费的主力军，被"产品老，形象老，营销老"三座大山压着的传统企业和传统产品也意识到了："年轻化""社交化"成了亟需解决的课题。

马应龙有效利用了社交媒体的营销推广，创办了自有品牌 IP，因此获得了一大批用户流量与产品关注度。在营销过程中，马应龙抓住年轻消费者的需求和爱好，放弃传统营销方式，大胆利用微博、论坛、抖音、知乎等聚焦年轻人的社交媒体与消费人群进行有效互动，使得产品得到了广泛的营销推广。

在这个时代，人人都是自媒体，人人都可形成有效传播，而社交是传播的主要途径，因此任何产品都必须具备一定的社交属性，这样才能保证流量。有了流量，产品才能被销售出去。那么如何为商品赋予社交属性呢？

◇让产品成为热门话题

人们在交往时要有一定的谈资，这样才能避免冷场和尴尬，简单说来，社交货币就是一种谈资，让商品成为社交货币就使得其具备了谈资，也就是谈论的价值。举例来说，小罐茶商品就是利用了形象的包装和品牌故事，这样使其成了有论可谈的话题，使得商务社交避免了很多冷场现象。

其他品牌在这一点上也很到位，例如海尔的洗衣机立币大赛，一枚硬币可以在海尔洗衣机上稳稳地立起来，这种话题成功吸引了众多围观群众，使得新推出的洗衣机产品很快成为热点和分享话题。

2017 年，泸州老窖新推出了一种香水酒，酒瓶的外表看起来如同香水，更让人意想不到的是，这款酒确实如同香水一样散发出迷人的味道，既可以喝，也可以用来当香水喷，就是这样一种跨界型的产品成功吸引了人们的注意力，其热度在各大社交媒体上稳步上升。

做出类似之举的还有可口可乐的化妆品套装、肯德基的炸鸡味唇膏，除此之外，某电动车品牌还专门举办了一场广场开锁大赛，以求为其产品的防盗性做推广……

想要让产品具备社交属性，最简单的方式就是让产品成为热门话题，当然，不是所有的产品都可以形成讨论和分享，只有符合消费者"审美"需求的内容才更容易被传播。

◇让产品成为身份的象征

社交活动以角色为基础，任何一个人都拥有一个可以确认身份的角色，我们的一言一行也都在角色控制下进行，不仅如此，当我们在与不同身份的人交往时，也会采取不同的模式。

这种身份角色可以有很多标签，大致包括中性的一级标签和含有褒贬之意的二级标签两种，举例来说，老师、护士、母亲、儿子等属于一级标签，而开放、时尚、搞笑、足智多谋等则属于二级标签。一级标签不会轻易变动，而二级标签则容易变动。

几乎人人都想要得到一个褒义的标签，例如前面我们提到的时尚、足智多谋等词语。很多人之所以喜好购买华丽的衣服和首饰，喜欢出国游等，其实都是在为自己塑造一个时尚的标签。

对于二级标签，最重要的获得方式就是消费。随着物质生活水平的提高，消费不再是一个人的事情，而许多情况下成为相对于他人的事情，人们购买商品不再单纯是为了生理需求，而更多的是为了满足心理需求，通过消费品来为自己重新定义，塑造属于自己的品味和个性。

所以，互联网时代下的品牌不能追求和满足全部人的需求，否则就失去了差异性，没有差异性的商品就等同于没有个性标签。作为一个品牌，一定要致力于打造个性化，哪怕小众化也要成为目标群体的首选，成为代表性标签，成为受众身份的象征，只有为消费者带来身份上的认同感和自豪感，才能让他们主动建立连接，将产品视为自己炫耀的资本，例如小米的米粉和苹果的果粉等。

◇让产品成为社交工具

《创新者的窘境》的作者——著名哈佛商学院教授克莱顿·克里斯坦森曾说过这样一句话："消费者不是来购买产品的，他们是在雇佣品牌为自己完成一项任务。例如雇佣品牌来为自己消磨时光、帮助自己增进与孩子们的关系、让自己的生活更加充实幸福等。当我们想要提高人际关系，满足社交的渴望时，则可以雇佣具有社交属性的品牌来完成。"

一些商品自带社交属性，例如美酒，人际交往过程中少不了酒水做伴，所谓"感情浅舔一舔，感情深一口闷"，在中国，酒甚至可以体现一种社交文化。那么为什么酒可以享有如此崇高的地位呢？这就联系到生活中经常出现的一种社交场景——饭局。一样的道理，对于其他商品来说，想要得到如同酒一样的社交地位，也要找到属于自己的社交场景。

社交场景的传播力度是最大的，因此很多新产品推广时都很看重餐饮渠道这一场景。举例来说，王老吉之所以迅速走进人们的视野，离不开其对于火锅聚餐场景的精准切入；除此之外，金六福聚焦喜宴场景、江小白聚焦年轻人的小聚和公司团建……

通过聚焦场景，消费者会对产品产生一定的认识，当一种产品在社交场景中频繁出现，那么就会理所当然地被赋予一定的社交属性。

如果说消费是别人的事情，那么社交则是众多消费者共同参与的事情，它具有传播性，而没有社交性的产品是很难在互联网时代得到广泛传播的，不被传播的产品又怎么可能成功变现呢？

8.3　最直接的七种社群变现方式

如今，互联网的发展让每个人都能建立自己的社群，社群的形式也各有特点。不过，不论是建立怎样的社群，其目的都是一致的，那就是通过运营来获得实际的价值回报。

实际上，成功的社群最终都会采用付费模式，因为通过付费才能让用户得到自己想要的服务，同时也能让社群获得回报，这样才能体现社群的真正价值，社群才能获得长久的生命力。

与"付费"紧密联系的，就是社群"变现"。这是一个让人狂热的概念，因为大部分运营者最终的目的就是变现。不过，社群的形态和业务的差别也决定了变现的难度和方式有所不同。只要你想通过社群运营来变现，即使自己并未达到变现的水平，也应该提前准备，确定正确的运营方向。而不管是大 V 还是小号，变现的方式其实都大同小异，主要包括以下几个模式（见图 8-3）：

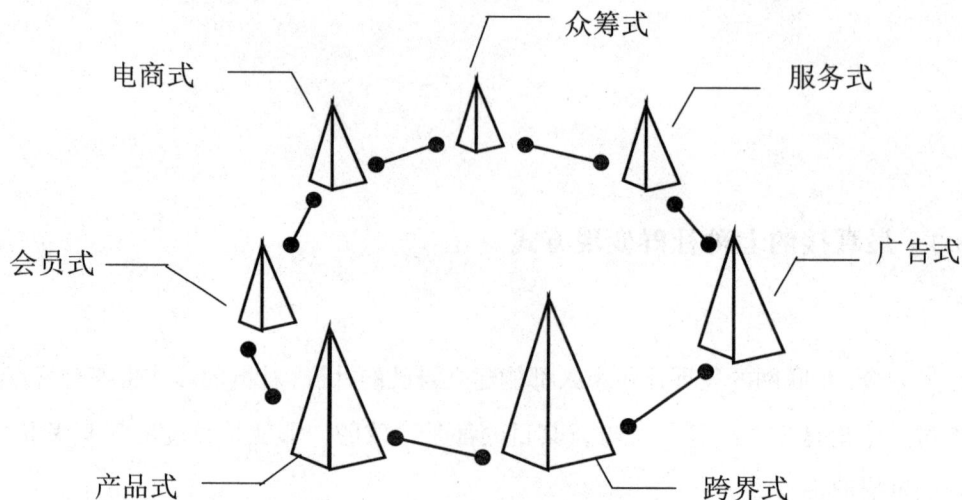

图 8-3　社群变现的七大模式

◇电商式

如今，电商已经成为很多人做社群运营的动力，而电商式变现就是通过社群卖产品，这在美妆社群和母婴社群很常见。罗辑思维也曾认为，"社群应当卖货"，这种方式把社群当作电商的一种工具，从而实现变现。

社群的优势在于可以直接在群内售卖产品，而电商本来就注重销量，通过在群内分享折后产品的链接，让用户获得优惠，这也是一种福利。其实，这也与电商直播有相似之处，代金券、低价和折扣拥有很大的市场，尤其是在美妆、女装等领域。

不过，通过社群进行电商式变现很考验产品的质量，如果产品的质量很好，就会有很高的复购率，反之社群很快就会消亡，目前比较成功的例子有卖书、卖知识的"罗辑思维"以及卖母婴类产品和早教盒子产品的"年糕妈妈"。

此外，还要注意，社群中出售的产品必须是与成员的需求相一致的，同时，推销产品也要以较为深度的社群运营为前提。没有运营直接推销产品，很容易招致社群成员的反感，不利于变现的实行。

◇会员式

这种方式指的是，想加入社群就必须付费，成为会员（季度、半年、年）。成为会员可以看作是入群的条件，也可以看作是一种社群关系的转化方式，是目前比较流行的变现模式。在实际操作中，群成员可以是刚加入社群时就成为会员，也可以是加入社群之后付费升级。这种模式比较成功的例子一般是资讯类和服务类社群，对运营方有比较高的要求，需要专业的运营团队能够长期持续地输出有价值的内容，仅凭一两个人是很难实现的。

社群服务变现的实质是，采用收费的方式提供给用户更需要的、更有效的价值。这种付费的门槛，可以把社群中最活跃的成员聚集起来，给大家提供特有的增值服务，同时通过各种运营让会员之间产生合作和人际交流，增加社群专属圈的黏性，增加用户的复购率。

不过，付费模式存在的普遍问题就是，一旦开始收费，交费的会员心态上会发生变化，他们从社群的粉丝转变成了服务的购买者，这将导致原有的情感联系变弱，此时就需要运营采取相关措施来加强这种联系。

◇产品式

这种模式比较依赖于比较成熟的且已经在市场上受到认可的产品，比如课程、知识、实物等等。和其他社群一样，运营方可以在前期吸收粉丝，后期再推销产品。效果不好的话可以尝试推出促销打折、保修包换等服务，要让用户感受到产品的性价比已经高出了市场的平均水平，值得购买。

也可以通过社群运营，让用户参与产品的设计和制作环节，这样就能与用户产生更深层次的联系，从而建立信任，加深社群成员对社群价值的认同感和归属感，这对于产品的销售也十分有利。

社群产品主要分为实物和内容两大类。实物类产品社群会在运营中展示产品的各种优势和特点，让大家在了解产品的同时增加对产品的认可。内容类产品社群则更注重知识 IP 的打造，塑造老师的个人形象以及突出社群的专业优势，加深用户对内容的认同，从而推出相关产品。

这种模式必须注意，产品必须与社群特点以及运营的内容相匹配。如果做美妆的社群突然开始做母婴，用户的需求无法满足，这也就并不能达到变现的目的。

◇ **跨界式**

多个不同定位和不同类型的社群进行资源共享，互相导流，就是跨界合作。这种方式不仅可以帮助对方获得经济收益，也可以让自己分享部分收益。一个活动邀请各种大 V 助阵，增加流量和变现转化率，就是典型的例子。

跨界合作实现变现的方法有很多，比如资源交换、合作产品、换粉互推等。如果你的产品是护肤品，就可以和拥有较多粉丝的美妆博主合作，这样不仅共享了资源，还能聚集更多的潜在客户，提高变现转化率。

在跨界合作中必须注意的是，合作的本质就在于处理好各个合作社群之间的关系，因此在合作过程中一定要注意对方的合作底线，避免产生不必要的矛盾和纠纷。另外，在合作之前就应该明确各自的分工以及如何分成的问题，否则不仅不能达到营销效果，反而会对口碑产生不利影响。

◇ **广告式**

规模较大的社群主要会采用广告变现的模式，它的另一个名字是流量变现，其实质就是通过社群卖广告。社群可以通过收取渠道费或者代理产品的方式来获取分成，这种方式对实物产品和虚拟产品都适用。如果你对自己的产品很有信心，也可以用这种模式从别的社群获取流量，拓展推广渠道。

大规模扩张的社群一般都会收取合作商家的广告费来实现变现。其实，社群中不光聚集了圈子重合的人，同时也聚集了某些商家的精准客户。只要商家想要出售产品，就会进行广告宣传，而相对于广撒网式的宣传（电视广告、广播、百度竞价 APP 广告位等），显然社群中的广告投放更精准，性比价也就更高。

如果社群中的受众人群密度足够高，那么营销的效果会更好。

值得注意的是，社群的重点在于通过运营维持圈子的黏性，频繁的广告会在很大程度上影响用户的体验，而且在社群中也不能宣传与社群主题无关的产品。

◇服务式

这种模式主要是把目标人群聚集在一起，通过提供长期的精准咨询服务，赢得客户的信任，达到一种可以随时成交的状态。服务式变现在企业的品牌建设群和个人的品牌建设群应用的比较多。这种模式的重点在于不断增强客户的信任，随时了解客户的需求，不要求短时间内实现变现，因为用户和社群接触的时间越长，越能加深用户的信任感。

◇众筹式

众筹式变现利用的是社群的精准粉丝特性，发起众筹实现变现，这种社群的成员通常偏向商业化，利用社群的精准用户，在众筹成功后实现商业化变现，吴晓波频道的基金众筹就是一个很好的例子。

除了基金的众筹，社群变现中经常采用的模式还有客栈众筹和创业项目众筹。其实，这些模式都是将一群有共同目标的人聚集起来，通过累积资金、人力等其他资源，合力完成一个目标，这在实现个人价值的同时，也能促成社群变现。

其实，社群运营的关键在于如何赢得客户的信任。高质量的运营能够让社群成员与社群的关系越来越密切，这样就能有助于我们挖掘出更多的资源，这也是社群的衍生价值。同时，也要找到合作的切入点，懂得如何去挖掘每一个社群的潜在价值。

很多人认为挖掘资源费时费力还不一定有成效，事实上一个精准用户可以带来他身边所有的潜在客户。如今这个时代是流量竞争的时代，我们就应该抓住机会，顺应大势，用社群打开更大的市场。

8.4　最赚钱的三种社群变现方式

目前，最赚钱的社群变现方式有三种，分别是分销、商城分佣和经纪人。在本节中，我将为大家一一介绍这三种变现方式。

◇**分销**

一直以来，分销模式都是一种充满争议的变现方式。

微信官方认为包含三级和超过三级的分销模式都涉嫌传销，因此在微信平台上，分销不能超过三级。但是，在其他平台上就没有这样的规定和限制。

分销模式之所以能够成为最赚钱的社群变现模式，就是因为它的裂变速度非常快，只要拥有了种子客户，就可以利用分销来快速进行变现。那么，分销究竟是什么呢？

1. 分销是什么？

所谓分销就是多级代理模式，比如，甲把一个产品链接发给乙，乙下单购买产品后，甲会获得一部分收益。如果，乙也想通过推荐产品赚钱，那么，他就可以通过甲的链接申请成为合伙人，拥有了自己的线上店铺。此时，这时候乙是甲的一级分销商。

当乙把自己店铺内的产品链接发给丙，而丙下单购买后，甲和乙都会获得一定比例的收益。如果丙在乙的引导下，通过乙的链接申请开店了，那么，丙是乙的一级分销商，是甲的二级分销商。

甲、乙和丙三人构成了一个完整的二级分销体系，其中甲是厂家，乙是甲的一级分销，丙是甲的二级分销，也是乙的一级分销（见图8-4）。

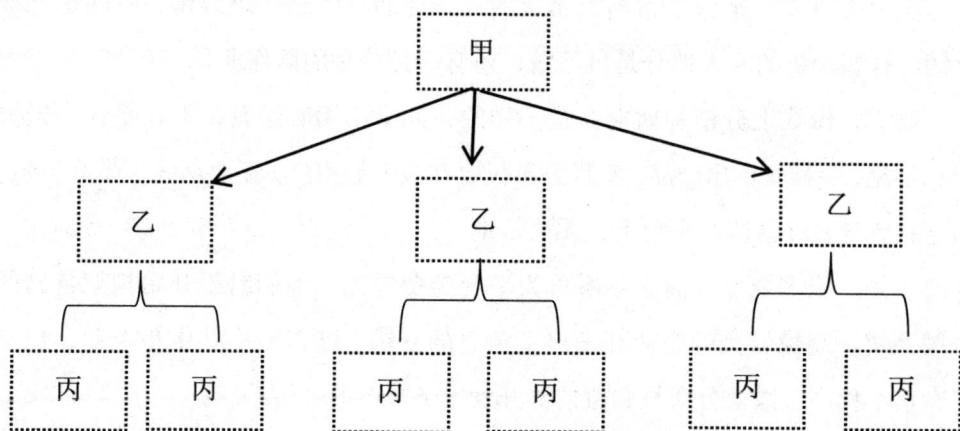

甲：厂家　　　乙：一级分销商　　　丙：二级分销商

图8-4　二级分销模式示意图

2. 分销系统中的角色

一般来说，分销系统中的角色有三种，分别是平台方、供货方和卖货方。

（1）平台方

平台方就是搭建和运营平台的企业，比如驴妈妈、达令家等平台都是由各自所属的企业开发和运营的，这些企业要负责平台的维护、推广、运营和招商。

事实上，各大分销平台的功能是大同小异的，运作方法也基本相同，我们在选择平台时，考虑自己的需求和目标客户群就可以了。

（2）供货方

供货方是提供产品和服务的一方，也就是厂家。有的分销平台会规定产品的品类，比如只卖母婴用品、美妆用品或只卖农产品等，而有的分销平台上也什么品类的产品都有。分销平台会根据自己的定位来进行招商，并选择符合平台需求的供货方。

（3）卖货方

卖货方就是在平台上帮商家卖货的人，他们有的是一级分销，有的是二级分销。这些卖货的人大部分是自己做，还有一部分是团队作业。

其实，做线上分销和做电商是一样的，如果不用心运营，不在平台上做推广和导流，一样卖不出产品。卖货方不仅要在线上做推广，还要从线下带来流量，而这些流量最终会留在平台上，无法带走。

于是，很多企业和商家不愿再为平台免费导流，他们纷纷开始构架自己的分销系统。规模较大的企业开发出了独立的分销APP，而一些中小企业，也基于微信小程序、微信公众号和微信群开发出了自己的分销系统。

3.分销系统的主要功能

一般来说，分销系统主要有以下四大功能：

（1）拓客功能

每一个进入分销系统的人都会有一个属于自己的专属店铺，这个店铺也会有一个专属的二维码，分销商可以利用店铺专属二维码去推广店铺，引导自己周围的朋友关注店铺和平台，也成为分销商。

对分销商来说，线上店铺和二维码是最佳的推广利器，店铺中可以上架平台提供的商品，吸引客户购买，而二维码也可以推广店铺，发展新的分销商。

（2）记账、核算功能

在分销系统中，每一款产品都有一个对应的产品链接，这个产品链接有记账功能和核算功能。如果我们把某款产品卖给了其他人，那么产品链接会自动核算出相应的分成。

（3）促销系统

分销系统中还有折扣二维码、优惠券、会员积分系统等功能，来帮助分销商提升销售额。有的分销系统还会根据客户需求开发各种促销插件，用来配合各类线上活动。

（4）管理功能

任何分销系统都有一个 PC 端管理后台，我们可以这个后台上管理整个平台的流水、分销商销售数据、排名和分销结算款项等数据。除此以外，我们还可以在后台上进行各类促销活动。

企业如果要自建分销系统，就要培养专业的开发团队，或者聘请第三方机构来开发，这需要投入大量的成本。是加入平台，还是自建分销体系，企业要根据自己的实际情况来决定。

◇ **商城分佣**

分销系统虽好，但对于人手不足的个人创业者或微小企业来说管理和运营的成本比较高，也腾不出专门的人手来管理分销商。而且，分销系统一旦超过三级，在管理上就会变得非常复杂，还有一定的法律风险。

除了分销以外，商城分佣也是一种比较赚钱的社群变现方式。相比分销，商城分佣的操作更简单，传播能力也更强。在了解商城分佣之前，我们先来看看它和分销究竟有什么区别。

1. 商城分佣与分销的区别

分佣和分销的区别主要体现在以下几点：

（1）赚取佣金的对象不同

分佣的佣金是从整个商城中赚取的，而分销的佣金从某一款产品中赚取。

分销要对每个产品设置佣金比例，比如，苹果的分销佣金比例是 15%，芒果的分销佣金比例是 20%，分销商获得的佣金是从苹果和芒果两种产品中单独核算的。

而商城分佣也是对所有的产品设置佣金比例，不管是苹果、芒果，还是香蕉、桃子，所有产品的佣金比例都是 10%，只要卖出产品就按这个比例获取佣金。

（2）层级扁平，没有"下线"

我们可以把商城分佣看成是只有一个层级的分销系统，企业或厂家下面只有一集分销商。任何加入商城分佣系统的人都可以成为企业或厂家的一级分销商，而且也只能成为一级分销商。

（3）身份自由切换，不捆绑

分销平台一般都要绑定身份，一级分销商和二级分销商的身份一旦确定就无法改变。比如，小明是厂家的一级分销商，小红通过小明购买产品，成为小明的下级，即厂家的二级分销商。那么，下次即使小红直接从厂家推送的链接买货，她的身份还是厂家的二级分销商，并不能升级成为与小明平级的厂家一级分销商。

但是商城分佣就不存在这个现象，群成员的身份更加自由，可以随意切换，社群内部的氛围也会更加平等和开放。

（4）推广传播能力更强

分销系统的传播比较封闭，而商城分佣的传播推广范围更广，可以在朋友圈、微信群等渠道中扩散。我们转发产品链接后，只要有人打开了链接，我们就可以获得推广分佣。有了这样的规则，社群成员转发扩散的热情会更高。

而且，人们对商城分佣模式的接受度也比较高，因此商城分佣在推广传播和吸粉能力上更有优势。

2. 商城分佣的独特功能

当我们进入商城分佣系统的后台后，可以设置推广分佣，比如每打开一次链接 0.1 元，点击上限为 500 次。我们还可以设置购买分佣，比如顾客购买商品后的分成比例为 15%。

后台设置完成后，社群成员登录商城后即可获得一个专属推广号，当他们转发商城里的任何一个产品给自己的朋友，且朋友点击打开链接后，社群成员就可以获得 0.1 元佣金，当朋友购买产品后，推荐该产品的社群成员可获得 15% 的佣金。假如，一件产品的价格是 300 元，那么推荐者可获得佣金 45 元。

3. 商城分佣的优势

商城分佣模式的最大优势是管理方便和操作简单，由于只有一级分销商，企业可以快速地搭建线上渠道。

对于那些对互联网和社群不太熟悉的人来说，商城分佣的上手速度更快，也不需要培训。

另外，商城分佣自带推广分佣功能，只要社群成员愿意推广就能拿到佣金，所以这种变现模式能很好地解决产品推广难的问题。

对于小微企业来说，商城分佣的成本较低，一万元左右即可。而分销系统的资金投入一般都在三万元以上。在除了金钱成本低以外，商城分佣所需的人力成本也比分销系统低，既不需要专人管理，也不需要为社群成员提供培训。最重要的是，商城分佣系统的结算十分简单，企业与合作伙伴的利润都一目了然，不容易产生纠纷。

◇经纪人

我们在生活中经常遇到这样的场景，比如你花几十万买了一辆新车，你对这辆车很满意，忍不住发朋友圈"炫耀"了一下。有一个朋友看到了你新发的朋友圈，他也对你的新车很感兴趣，正好他最近也想买车，于是就咨询了你一些关于汽车的专业问题。可是，你对汽车的了解并不深，无法给出专业的解答。

再比如，你通过房屋中介买了一套二手房，这套房子所在小区的环境很好，设施也十分完善，你深感自己有眼光。你的朋友听说你买了一套好房子，于是找你打听你们小区附近有没有小学，想周末到你家小区附近转转，看看周边的环境如何。

当我们碰到以上情景的时候，总是很难给朋友提出一些专业的建议。社群成员在推荐一些专业性较强的产品，如咖啡机、照相机、电脑等时，也会因为缺乏相关的专业知识，而无法做出专业的产品介绍，更无法直接完成成交。

还有一些较为昂贵的产品，直接成交的概率也很小，比如房子、汽车、工业设备等，因为了解这些产品需要付出一定的时间和精力，销售者也无法让客户第一时间就做出决定。

当我们面对以上两类产品时，分销和商城分佣的模式都是行不通的，于是，我们需要引入经纪人模式。

1. 什么是经纪人模式？

经纪人模式是"只推荐、不成交"的线上代理模式，也就是说，社群成员只需要把自己的熟人和朋友介绍给企业或商家就行了。剩下的产品介绍和答疑解惑环节都由专业人士来完成。那么我们要如何构建经纪人模式呢？

首先，我们要引导社群内的成员关注企业和商家，并鼓励他们注册成为企业的经纪人。

其次，经纪人要推荐意向客户，已经成为经纪人的社群成员可以在征得同意的情况下把朋友的联系方式录入经纪人系统，而系统则会迅速匹配专业的工作人员来与经纪人推荐的目标客户联系，解答他们的疑惑。

最后，经纪人要通过系统随时关注交易的完成情况和成交过程中的关键节点。当交易正式完成后，系统会自动核算经纪人的佣金。

2. 经纪人模式的优势

经纪人模式的层次也是非常扁平化的，它和分佣、分销的最大区别就是前者只需要推荐人把目标客户介绍给专业人士，而后两者却需要推荐人去促成成交。

在一些做非快消品的大宗交易的企业中，是非常适合使用经纪人模式实现社群变现的。因为介绍房地产、汽车、私人定制服务等专业领域的产品时，需要较高的专业度，还需要付出较多的沟通成本。

在社群中，其实有很多成员拥有客户资源，我们应该把这些客户资源利用起来，用分销、商城分佣、经纪人等变现模式充分挖掘社群成员周围的潜在目标客户，让他们购买我们的产品。

第 9 章　层层运营，构建社群生态体系

怎样才能让社群长期地生存下去？答案是打造和谐而活跃的社群生态。为了打造社群生态，我们必须要在社群中构建文案系统、引流系统、传播系统和成交系统，这些系统构成了社群的生态体系，只有在它们的共同作用下，社群才能健康地运行下去。

9.1　文案系统：别让文案拖了产品的后腿

无论是开实体店、做电商，还是做社群，只要你想把产品卖出去，就要学会写成交文案。促成成交的因素有很多，产品只是其中一种，客户的感觉也很重要，如果我们能让客户有美好的感觉，就可以促成成交。

可以让客户产生美好感觉的方式有很多，比如图片、视频、音频、文字等，而广告文案则是其中最常见，也是最重要的一种。因为，文案可以应用于任何载体，而且文案的传播和扩散也是最简单和方便的。所以，我们必须掌握文案

的写法。

在当今这个碎片化阅读的时代，如果不会写成交文案，很难抓住客户的心，而且会遇到不少问题。比如，明明你的产品非常好，可就是卖不出去，也没有人愿意进一步了解你的产品。而那些劣质产品却卖得很好，只因为文案写得好。我不鼓励夸大其词，欺骗消费者的行为，可是我们不该让好产品被坏文案拖累，好产品更应该要有好文案来衬托。

还有一种情况是你写了文案，发了朋友圈，可是文案却不能带来转化，投入了大量的资金去做推广，转化率依然没有丝毫起色。问题的根源就在于文案，文案写得不好，花再多功夫去推广也是做无用功。

为了避免这些情况的发生，我们应该认真学习文案的写作技巧，提升自己的文案能力。学会了写成交文案，我们在运营社群时会事半功倍。下面我们就来看看写成交文案的七大步骤（见图 9-1）。

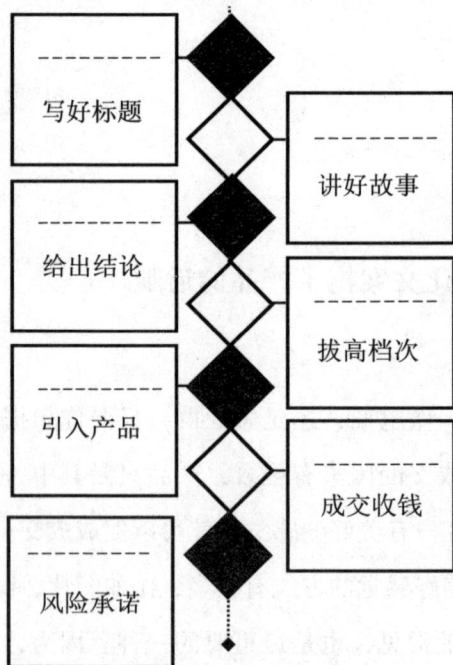

图 9-1 成交文案的七大写作步骤

◇写好标题

标题是文案的门面，写好标题是吸引别人阅读文案正文的唯一方法！要写好标题，我们首先得弄明白目标客户对什么事物感兴趣，他们的需求是什么，他们的痛点在哪里。事实上，远离痛苦、追求幸福和快乐是人的天性，我们在写标题时，也应该遵循这个天性，尽量呈现客户想看的、感兴趣的，避免客户反感的。

可是，我们要怎样找到客户感兴趣的点呢？首先，我们要研究自己的目标客户，弄清楚他们的特征和喜好，其次，我们要学会借助热点，从社会热点中找到大众关注的内容。我们可以从百度指数、微博热搜榜、腾讯排行榜中寻找适合的热点，再和自己的内容做结合。我们可以在标题中加入热门事件的关键词，这样不仅能获得更多的流量，人们也更愿意点开标题、阅读正文。

除了了解用户和借助热点以外，写标题还有以下几个小技巧：

1. 向名人"借力"

我们可以在标题中加入名人的名字，借此提升文案的曝光率，吸引更多的人阅读文案正文。虽然我们自己不出名，但是可以向名人"借力"，利用他们的知名度吸引一波关注。

2. 加入数字

在标题中加入数字也是一种吸引眼球的好方法，比如，"女明星最爱做的三件事""人生必读的十本书""全球最受欢迎的五大旅游目的地""正确护肤三大步骤"等。

3. 提出独特观点

我们可以在标题中提出自己的独特观点，也可以故意提出与主流意见相反的观点，再在正文中澄清，制造反转效果。不过，过于特立独行的标题有时候会为我们招来骂声。

4. 制造紧迫感

我们可以在标题中利用"还有最后一个名额""活动仅剩 X 天""倒计时……"等字眼去制造紧迫感，让消费者不得不尽快做出购买决策。

5. 提出问题

我们可以在标题中提出问题，这个问题一定要是客户非常关心的，而且还要是他们不了解的，当客户看到这个问题时，就会忍不住点开正文去阅读。比如，某母婴社群中一篇文案的标题是《宝宝哭了，妈妈要不要马上抱起来？》这个育儿知识是很多新手妈妈们不了解的，他们看到这个问题时，一定会点开文章为自己解惑。

◇讲好故事

想把文案写得吸引人，就一定要学会讲故事。文案中的故事一般放在开头，所以这个故事一定要足够引人入胜，可以把客户带入到场景中，让客户愿意继续看下去。开头的故事讲好了，文案就成功了一半，如果故事讲得不好，后面的干货再精彩也难以勾起客户的兴趣。

我们平时要注意搜集故事素材，并建立自己的文案素材库，在需要的时候我们就可以借鉴自己搜集的精彩故事了。在学习别人的过程中，我们自己也应该吸收和掌握写故事的技巧，一个好故事中一定要具备"人、情、事、冲突"这四大要素。

人是指人物，这里的人物可以是我们身边的朋友、名人或者是杜撰出来的人物；情是指感情和人情；事是指事件；冲突是指转折、反差，它让故事有了起伏，不再枯燥无味。我们在写故事的时候，可以对照看看自己的故事中有没有这四大元素。

◇给出结论

当我们讲完故事或者分析完道理以后，必须要给出结论。结论可以提炼故事中的道理，也可以阐明自己的观点和感悟。在给出结论时，我们要做到"接地气"，要让客户一看就知道我们在说什么，千万不要用过于专业的词汇，也不要用晦涩难懂的词句，要用最直白、最简练的话语来阐明结论。我们在给出结论的时候还要做到条理清晰，把需要呈现出来的干货一条条地列举出来。

◇拔高档次

一篇文案中既要有接地气的部分，也要有拔高档次的地方。那么，我们应该怎样拔高文案的档次呢？有两个方法，第一是引用一些名人名言，或者富有哲理的金句，第二种方法是列举名人的事例，这样做一方面可以为文案中的观点提供佐证，另一方面可以提升文案的档次。

当然，如果你本身就有很强的写作能力，可以写出优美的语句和令人印象深刻的金句，那么你完全可以自行发挥，让自己的文案看起来更有档次。事实上，成交文案的整体风格还是要以"接地气"为主，有一两个点睛之处就可以了，其他的地方还是要以简洁直白为主。

◇引入产品

产品介绍是文案中最关键的部分，因为我们写成交文案的目的就是卖货，所以我们要引入产品告诉大家我们卖的产品是什么。

在介绍产品时，我们要提炼和塑造产品的核心卖点，把产品的优势一个个列举出来，告诉大家这款产品有什么价值，能满足什么样的需求。在介绍产品时，千万不要写成说明书，要知道，干巴巴的数据和参数对客户来说是没有任何吸引力的。我们可以在产品介绍中加入场景或故事情节，让客户对产品的印象更加深刻。

◇成交收钱

介绍完产品以后，我们就要开始收钱了。由于不是和客户面对面交流，所以文案中的成交话术可以稍微强势一些，比如"1888 元，不议价！""活动仅限三天，卖完即止，绝不补货！"强势的成交话术可以帮助客户下定决心，做出购买决策。

文案中的成交话术有两种，第一种就是强势地直接要求成交，用气势压倒对方。第二种则是间接成交话术，就是不直接向客户要求成交，而是引导客户联系客服或者其他销售人员，让专业人员来完成成交。这两种方式各有优点，我们可以根据自己的产品来选择使用。

我们还可以在成交话术中增添紧迫感，如"仅剩30套，先买先得，售完即止"，也可以用优惠信息来诱惑客户购买，比如"买一赠一""买二送一"等。另外，我们要记得在成交话术里告诉客户产品的购买路径，即如何购买产品、在哪里购买产品等。

◇风险承诺

我们要给客户一个风险承诺，让客户更有安全感，比如，我们可以承诺客户"7天内无理由退换"，或者"假一赔十"等。做出风险承诺可以打消消费者的疑虑，让他们更放心地购买产品。如果客户对产品有疑虑，他想试一试产品，但又怕产品有质量问题不能退换，如果这时我们给出了"无理由退换"的承诺，那么这位客户就会吃下"定心丸"，放心地下单购买产品。

以上就是成交型文案七大步骤，只要一篇成交文案能够包含这七个板块的内容，那么这篇成交文案就是基本合格的。如果，你想让自己的文案水平更加精进就要在平时多加练习。

成交文案的最高境界是让看文章的客户在感同身受的同时，还能够打破自己原有的认知，并产生继续探索的欲望，如果我们能达到这个境界，成交就不是问题了。

9.2   引流系统：传统企业如何吸引大量客户

我们都知道，社群是一个引流利器，很多互联网企业都构建了基于产品和服务的社群，并因此而提升了运营效率和销售额。还有一些传统企业也逐步开始尝试社群营销，并从中尝到了甜头，我希望能有越来越多的传统企业拥抱社群，通过社群打开流量的新入口。

为什么这么说呢？因为，传统企业正面临几大问题，需要借助社群去解决。

◇社群营销是传统企业的第一选择

传统企业面临的普遍性问题有四个，第一个问题是卖货思维严重，传统企业营销人员满脑子只有一个念头，那就是：把产品卖出去，但是却没有想到客户需不需要这个产品，以及自己的营销策略是否正确。

第二个问题是只会从自己的立场和利益出发去看问题，很多传统企业在做营销时，总是一味地想从客户的身上榨取利益，根本不去想产品是否能为客户带来价值。

第三个问题是对互联网营销一窍不通，不愿意去学习互联网运营知识，也不想了解互联网运营背后的商业逻辑。

第四个问题是盲目地做营销，不去优化营销方式，也不选择适合的营销渠道。

以上的这四个问题，你遇到了吗？想要解决这四个问题，传统企业就要积极拥抱互联网营销。在这个粉丝经济大行其道的时代里，互联网营销可以帮助传统企业吸引更多客户，加强与客户之间的关系，提高传播的速度，收获更多口碑。

互联网营销的模式有很多种，哪一种才是最适合传统企业的呢？答案是社群，社群营销的效果更明显，而且操作比较简单，更加适合传统企业。

首先，传统线下实体店就非常适合社群运营，因为它有天然的流量入口，和一批忠实客户，完全具备了建立社群的条件。

其次，直销和保险行业也非常适合做社群营销，因为这两个行业都有现成的销售团队，一旦建立了社群，就会以飞快的速度开始裂变。

最后，急于拓展人脉的企业老板可以通过社群实现自己的目标，因为社群里最不缺的就是人。同时，社群营销也是创业者的好选择，因为这是一种低成本的营销手段。

◇**传统企业怎样利用社群引流**

传统企业可以借助社群吸引大量客户，只要掌握了下面几种引流方法，就能实现业务暴增（见图9-2）。

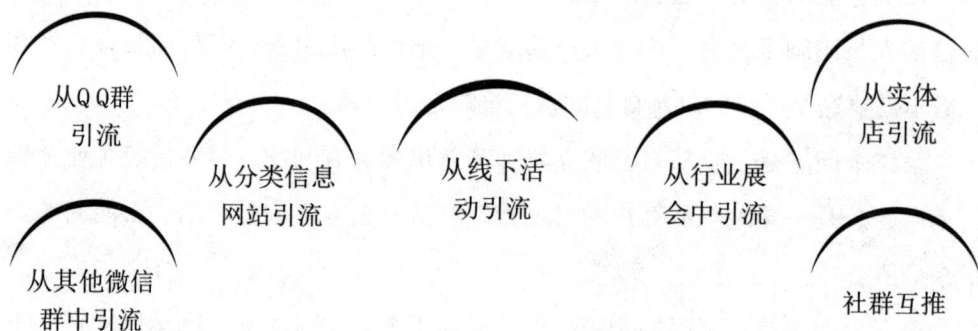

从QQ群引流　从其他微信群中引流　从分类信息网站引流　从线下活动引流　从行业展会中引流　从实体店引流　社群互推

图9-2　传统企业的社群引流方法

1. 从 QQ 群引流

QQ 是一个"历史悠久"的社交软件，绝大部分人都拥有自己的 QQ 账号，即使对社群营销完全不了解的人也曾经加入过几个 QQ 群。所以，我们可以从简单而熟悉的 QQ 群开始引流。那么，在哪些类型的 QQ 群中更容易找到客户呢？

（1）行业 QQ 群

我们可以在行业相关的 QQ 群里引流，比如，某人从事蔬果批发业务，那么他就可以到餐饮行业交流群去引流。

（2）老乡群

我们可以在 QQ 平台上查找到老乡群，我们可以加入老乡群，与群成员建立良好关系，并把其中的目标客户引流到我们自己的社群中。

（3）兴趣爱好群

在兴趣爱好群中，我们更容易找到和自己志同道合的人，引流起来也会更简单一些。

从 QQ 群中引流时，要注意两点，第一点是不要发广告，第二点是要积极地和群友互动，主动吸引他们加入我们的社群。

2. 从分类信息网站引流

在 58 同城、赶集网、大众点评等信息分类网站上，我们可以通过垂直分类精准地找到目标客户，而且可以和目标用户建立直接的联系。比如，你是一位卖健身补剂和营养品的商家，你可以在 58 上发布健身器材转让信息并留下自己的微信号，以吸引健身爱好者。当健身爱好者成为你的微信好友以后，你就可以通过朋友圈文案、海报来吸引他加入社群。

我们在分类信息网站上发布的内容必须真实有效，不能恶意欺骗他人，也不要强拉进群，如果他人对我们的社群不感兴趣，我们就不应该再去打扰对方。在引流之前，我们还要先分析自己的目标人群，并根据他们的特征来制定引流策略。

3. 从其他微信群中引流

我们还可以从其他高质量的微信群中引流，方法和分类信息网站引流一样，先吸引目标客户加我们的个人微信，再通过朋友圈发布的文案和海报吸引他入群。在这里，我还是要强调一点，千万不要强拉进群！

4. 从线下活动引流

线下吸粉、线上养粉，是社群营销的基本思路，所以我们可以主动参与一些线下活动，比如为主办方提供抽奖礼品和赞助，或在活动中积极表现，与参与活动的人员互加好友。

5. 从行业展会中引流

我们可以加入行业内上下游的展会，并在展会中积极结识同行，互换联系方式。只要和对方建立了联系，我们就有机会吸引对方入群。我们在参加展会时，要积极主动地和其他同行沟通，给他们留下印象，为以后的沟通打下基础。

6. 从实体店引流

我们可以选择与自己目标客户相近，但产品又不冲突的实体店合作，比如，开儿童绘本馆的商家可以和卖童装的实体店合作，通过扫码送礼品、举办活动等方式从童装店引流。

7. 社群互推

这种引流方法与实体店引流类似，我们可以找到一些客户群体相似，但产品不同的社群。与他们合作互推，但是，用于互推的内容一定要认真打磨，不能直接发广告。除了互推，我们还可以与这些社群展开化解合作，形成互惠互利的社群联盟。

以上就是社群引流的七种方法，传统企业可以运用这些方法吸引流量、建立社群。不过，建群只是这群营销的第一步，传统企业的管理者还要学习社群运营的相关知识，做好互联网运营的功课，才能做好社群。

9.3　传播系统：让社群内容"疯传"

2018 年 8 月，腾讯公司董事长马化腾在回答《财经》记者关于"互联网是否正在从流量战争转向内容战争"的提问时表示："未来内容的价值、IP 的价值会越来越重要。流量和内容的比例将会从原来的八二，变成五五。同时，流量和内容，一个是入口，一个是制高点。"

内容的重要性在丧茶的营销策略中体现得淋漓尽致，丧茶之所以能够吸引上百万流量，是因为在"丧文化"流行的趋势下，其抓住了年轻人的从众心理和内心独白。随着工作压力的不断增加，每一个人都急于寻找一种方法释放情绪，而丧茶恰恰将人们内心的种种无奈以调侃的形式表达了出来，其火爆也就是自然而然的事情了。丧茶的成品文案如下：

"你的人生就是个乌龙玛奇朵——20 元

多努力都难分胜负的人生球场，好希望中场休息时能有碗热汤"

"你不是一无所有你还有病啊乌龙茶——18 元

浑身上下都没能通过抑郁测试，除了那个一天到晚乐呵呵的胃"

"加油你是最胖的红茶拿铁——18 元

时常担心被人误会不求上进，好在体重显示我一直有在努力"。

作为一家快闪店，丧茶的火爆同时让我们看到这样一个现实：未来企业不能只将关注点放在销售商品上，有时候内容要比品质更容易打动人心。而且，内容可以吸引流量，有了流量，就可以提高成交量。

除此之外，随着物质生活水平的提高，消费者更喜欢做判断，而不是花费时间和精力去做选择。因此，企业要为消费者提供优质内容，帮助他们做出选择，或者缩短选择时间。

在流量越来越贵的今天，内容已经成为企业互联网运营的核心重点，在社群运营中内容同样不可忽视。那么社群内容该如何运营呢？

◇让社群内容"疯传"的三大关键要素

优质的内容自然会在社群中引起"疯传"，也会为社群带来热度和流量。能在社群中引起"疯传"的内容一定具备下面的三大要素：

1. 与我相关

与我相关的内容自带驱动力，能够在社群中快速地传播，我的故事、我的经历、我的朋友、我的奇葩经历都可以迅速唤起社群成员的共鸣，而且他们还可以很快生成自己的版本，形成内容的二次创作。只要内容能被大范围地二次创作，那么它离疯传就不远了。

有时候，社群成员和客户并不是十分在意社群和企业是否高大上，他们只在意这个社群里的内容和产品是否和自己有关。

2. 带来优越感和满足感

如果有一种内容能够在传播的同时，彰显传播者的个性、爱心，并使传播者产生优越感和满足感，那么人们一定非常愿意传播这类内容。遍布淘宝、新浪微博、支付宝、高德地图、今日头条等各大平台的"团圆系统"就是利用了人们的这种心理，让走失儿童的信息能够在第一时间被迅速扩散，以协助警方追回被拐卖或走失的少年儿童。

人们在转发失踪儿童的信息时，内心一定是充满了价值感和满足感的，特别是当这个孩子被找回时，这种满足感会达到顶峰，因为大家都会觉得自己做了一件好事，为社会贡献了一份正能量。

我们的社群内容想要达到"疯传"的效果，也必须具备这个关键因素，如果我们的内容能满足人们的这种心理，可以帮助他们塑造自己的形象，那么他们一定很愿意主动传播。

3. 满足利益诉求

社群成员的利益诉求可以分为精神诉求和物质诉求，精神诉求是对精神价值的追求，这种追求是持续性的，而利益诉求是对物质利益的追求，这种追求是相对短暂的。在社群中，物质利益可以表现为红包、打折券、优惠券等，精神利益可以表现为自我提升、追求个性、获得心理上的满足等。

以上就是提高社群内容传播力度的三大关键要素，下面我将为大家介绍的是：如何衡量一个社群的传播力？

◇**衡量社群传播力的指标**

衡量社群传播力的指标包括以下几项（见图 9-3）：

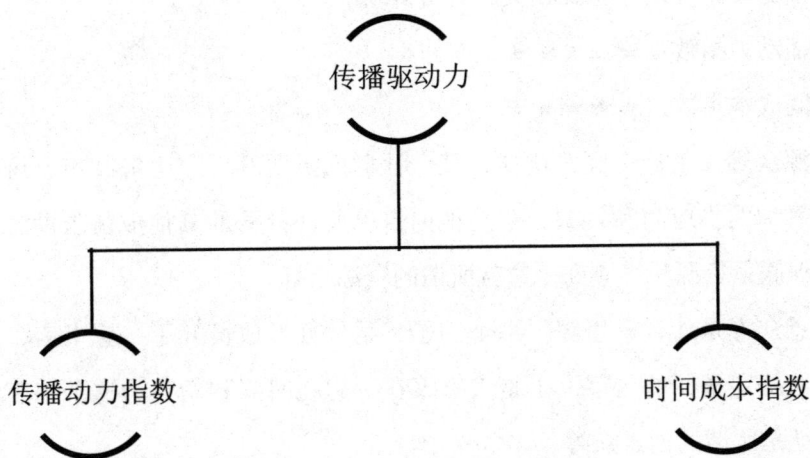

图 9-3　衡量社群传播力的 3 大指标

1. 传播驱动力

传播驱动力包括上面提到的"与我相关""精神利益诉求"和"物质利益诉求"。

2. 传播动力指数

传播动力指数是指人们主动传播信息的意愿度，是衡量社群中传播主动性的重要指标。

3. 时间成本指数

时间成本指数是指运营人员产出内容所需的时间成本。

那么，这三个指标在实际运营中是怎样体现的呢？下面我将结合具体的传播策略来为大家一一讲解。

◇**社群传播的主要策略**

一般来说，社群传播的策略有以下几种，我们可以根据自己的需要进行借鉴和应用：

1. 资源众筹和创意众筹

传播驱动力类别：与我相关、利益诉求

传播动力指数：★★★★★

时间成本指数：★★★★★

资源众筹又是什么呢？比如，某个社群成员要开一家生鲜超市，可是他没有找到靠谱的供应商和货源，于是他向自己所在社群的其他成员求助，大家纷纷帮助他联系货源和供应商，这就所谓的资源众筹。

创意众筹是什么意思呢？举个例子，某位社群成员开了一家书店，可是他迟迟无法决定书店的名字，于是大家聚在一起花时间和精力为这个书店取个名字，这就是所谓的创意众筹。

无论是资源众筹还是创意众筹都和参与者、发起者的利益息息相关，所以有较强的传播驱动力，但是要整合各方资源并不是一件很轻松的事，需要花费很多的时间成本。

2. 会员访谈

传播驱动力类别：与我相关

传播动力指数：★★★★★

时间成本指数：★★★

会员专访是社群运营团队针对会员进行的采访活动，有一家茶行业公司组建了自己的社群和会员体系，他们每年都会安排专业团队为会员做专访，请他们聊聊自己的人生经历，自己的兴趣爱好、人生态度，以及是通过什么途径了解这家公司，并加入这个社群的。

对于很多人来说，被采访的经历十分新鲜，而且采访的内容又与自己密切先关，所以被采访过的会员基本都会把采访内容主动分享到自己的朋友圈。于是这家公司在会员们的朋友圈里完成了一轮又一轮的用户传播。

每一个用户都是媒体，一条朋友圈理论上都能影响自己的所有粉丝，只要你的内容让他觉得跟自己相关，他们都会愿意主动传播。

3.品牌和我的故事

传播驱动力类别：与我相关、彰显个性和爱心

传播动力指数：★★★★★

时间成本指数：★★★

很多品牌都做过类似的内容，比如"我的知乎五周年""头条号新年特刊"以及"我和微信的故事"等。其中最经典的要数"我和微信的故事"，它详细地展现出了用户注册微信的时间、第一个好友、第一个朋友圈等内容，成功地在朋友圈引发了一波刷屏狂潮。

社群也可以把自身与社群成员之间的故事呈现出来，不仅能提升内容的传播力，还能再一次加深和社群成员之间的感情。

4.各种打卡，每日晒

传播驱动力类别：与我相关，精神上的优越感

传播动力指数：★★★★

时间成本指数：★★

这样的内容有很多，比如，微信运动的步数排行榜、运动软件的打卡、背单词应用的打卡晒成绩等等。很多减肥社群也采取了种种方式来提升传播力，运营团队要求社群成员每天打卡，并建立了互相监督的机制。这种方式既能互相督促，又能提升社群的传播力和活跃度。

5. 各种爱心接力祈福

传播驱动力类别：彰显自己的爱心

传播动力指数：★★★★

时间成本指数：★

这种内容通常出现在灾难之后，人们借此表达自己的祝福和爱心。

如果我们要策划一个社群活动，而且要让内容在社群中像病毒一样"疯传"，就必须让内容具备"与我有关""满足利益诉求""产生优越感和满足感"这三个要素，还要考虑到传播驱动力类别、传播动力指数、时间成本指数这三个指标。只要你找到窍门，社群传播其实并不难！

9.4　成交系统：快速成交客户的一系列方案

所有商业化社群的最终目标都是变现，我们在社群里推送各种内容、组织各种活动，最终的目的就是要卖产品，这里的产品包括实体商品、服务、理念、价值观、商业模式等等。为了顺利地卖出产品，我们必须掌握成交的技巧。

成交，是到达终点线的最后一步，如果这一步没有完成，那么前面的工作都是白费力气。我们都知道，社群的日常运营和各种活动都是在为成交做铺垫，只有满足一定的条件，成交才能顺利达成。

◇**成交的四个条件**

在社群营销中，成交必须满足以下四个条件（见图 9-4）：

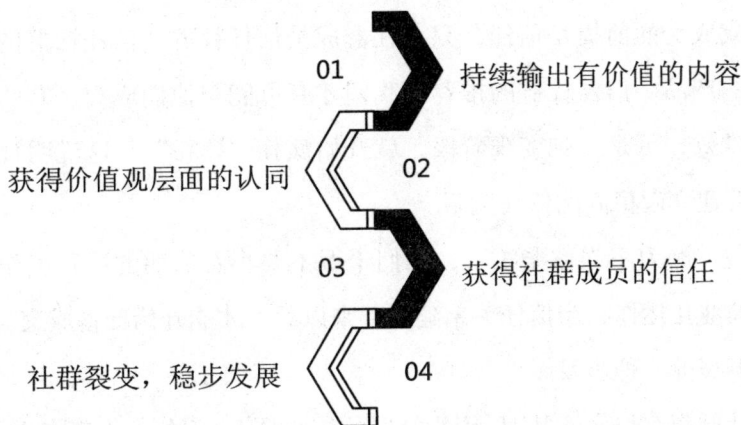

01　持续输出有价值的内容

获得价值观层面的认同　02

03　获得社群成员的信任

社群裂变，稳步发展　04

图 9-4　成交的 4 个条件

1. 持续输出有价值的内容

无论社群成员是以什么方式加入的，如果社群不能持续输出有价值的内容，时间一长，他们就会感到乏味和无聊，并渐渐对社群失去兴趣。所以，我们必须保证社群的内容输出是有价值的、持续的，无论我们的社群输出的是干货、资讯，还是泛娱乐化的内容，只要社群成员认为这些内容有价值，他们才会留下来。也只有把社群成员留下来，我们才有机会变现。

2. 获得价值观层面的认同

在这个资讯无比发达的时代，仅仅依靠内容来留住社群成员是远远不够的，我们必须获得社群成员的认同感。这种认同感应该是价值观层面的，只有拥有共同价值观的社群才能具备超强的凝聚力。

比如，有一个奶爸社群，这个社群的价值观是：鼓励爸爸多带孩子，促进家庭和谐。这一宗旨不仅得到了群里爸爸们的支持，妈妈们更是举双手赞成。在这个价值观的影响下，社群里的爸爸都积极参与到育儿工作中，并从中收获了幸福和感动。这样的社群有温度、有价值观，自然会获得社群成员的支持和认同。

3. 获得社群成员的信任

变现或成交的前提是信任，只有社群成员信任社群、信任社群的管理者、信任社群的产品、信任社群的推荐，我们才有可能与他们成交。有些社群前期运营得非常好，可是一到变现阶段，就开始疯狂"掉粉"，这说明社群成员还没有与社群建立起稳固的信任关系。

俗话说"磨刀不误砍柴工"，我们千万不要小看前期的运营工作，也不要急于进行商业化运作，当信任关系建立起来以后，才能开始准备成交。

4. 社群裂变，稳步发展

每个社群都有裂变的基因，因为社群的核心是人，而每个人都有自己的圈子，都有传播的力量。当我们的社群让客户满意、让群成员满意了，他们就会无偿地为我们传播口碑，而社群规模也会因此而扩大并产生裂变。

因此，我们只有服务好粉丝，才能产生口碑，才有裂变的可能。只有产生了裂变，社群才会走上稳步发展的道路。只有当社群开始稳步发展了，它的商业价值才能被最大化。

很多社群不是发展得过于缓慢，就是发展得太快，进而失控崩盘，我们要明白社群是一个商业项目，所以我们在运营它时也要遵循商业规律，等时机成熟、条件具备以后才能开始变现。

◇设计一套完整的成交流程

前面我们分析了成交的四个条件，从这四个条件中我们能够很清楚地看到，成交不是一个点，而是一个过程，或者说是一个环环相扣的、不断输送价值的流程。只有理解了这一点，我们才能真正设计好成交流程、做好成交。

很多营销人都把成交当成一个动作、一个环节、一个点，并为此设计出精巧的话术和技巧，在我看来，这就是典型的用错了力。我们不应该在一个点上发力，而是要着眼于整个成交流程。

同时，我们也必须认识到，成交的失败不是因为某次沟通，或者某个产品不够优秀，而是整个流程出了问题。在思考如何成交时，我们要摆脱"点"的思维，放眼全局，梳理出线性的成交流程。

说了这么多，成交流程到底是什么样的呢？我总结出一个成交流程环，这是一个循环框架，可以形成好几种不同的成交流程，但无论怎么循环，终点和起点是不变的，其中"流量池选择"是起点，"裂变点设计"是终点（见图 9-5）。

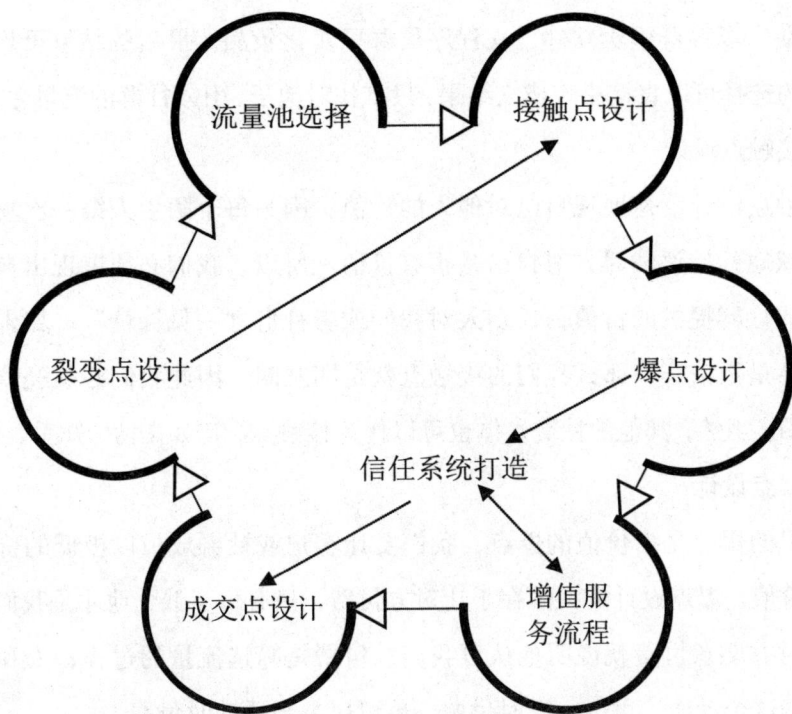

图 9-5　成交流程环

比如，有些社群的成交流程是："流量池选择—接触点设计—爆点设计—信任系统打造—成交点设计—裂变点设计"，而另一些社群的成交流程是："流量池选择—接触点设计—爆点设计—增值服务流程—成交点设计—裂变点设计"，不同的社群可以设计不同的成交流程。明白了流程的含义，我们就不能把目光放在某个点上，要认真梳理整个流程。

在整个成交循环框架中有六个节点，这些节点是成交流程中的关键环节，下面来看看具体功能。

1. 流量池选择

流量池是目标客户群体，是转化的源头，是成交的基础，所以我们在这个节点上要找对人。如果目标客户的属性不对，那么成交注定会失败。打个比方，如果你在广场舞群里卖软件，在程序员群里卖化妆品，最后的结果可想而知。流量池的选择可以直接决定成交结果，只有找对池子，引入社群的流量才会精准。

2. 接触点设计

接触点设计就是展现自己对他人的价值，因为每个陌生人第一次见面时，都会默默地开始评估对方对自己是否有价值。所以，我们必须展现出自己的个人价值或社群提供的价值，让别人对我们或者社群"一见钟情"。如果我们的社群载体是微信群，那么我们的接触点就是朋友圈，因此我们必须经营好自己的朋友圈。当然，其他的社交媒体也可以作为接触点，比如微博、知乎、抖音等。

3. 爆点设计

这里的爆点是指价值的爆点，我们要让客户或社群成员以极低的价格换取极高的价值。爆点设计的关键在于让对方付费，只有付了钱，他才是我们的人。因为，对方愿意付费就说明他认可我们，付费是筛选流量的过程，人和社群都要有付费这个动作，可以入群时付费，也可以参与活动时付费。

4. 增值服务设计、信任系统打造

这两个节点是整个成交流程能否持续运行的关键。那么，我们要怎样落实这两个节点呢？答案就是老老实实地兑现自己的承诺，不要欺骗客户。在这个资讯无比发达的时代，没有人是傻子，千万不要自作聪明。

我们承诺给客户的增值服务也必须兑现，对方进了我们的群，我们就要提供信息和交友平台，让他在这里学到东西，交到新朋友，获得自我价值的增值。只要我们用心对待客户，客户就会感受到我们的诚意。当信任系统形成，成交就是水到渠成的事了。

5. 成交点设计

成交点设计一定要简单，我们要为用户提供最简单的付款流程，让客户用最便捷的方式付款。

6. 裂变点设计

成交是远远不够的，我们还要让客户变成自己人，帮助我们裂变社群。

以上的成交流程环只是我的一个思路，可能不具备普适性，你也可以根据这个框架设计出一套适合自己的成交流程。最后，我想再次强调一个观点：成交是一个流程。只要理解了这句话，你就能做好社群的每一项运营工作，让成交自然而然地发生。